Boff
Vater unser

Für meinen
Bruder Waldemar und für Maria da Paz und Regina,
weil er die beiden
— über die Bande der Blutsverwandtschaft hinweg —
kraft der Liebe des Vaters zu seinen Töchtern
gemacht hat

Leonardo Boff

Vater unser

Das Gebet umfassender Befreiung

Patmos Verlag Düsseldorf

Die Originalausgabe dieses Buches erschien 1979
bei Editora Vozes, Petrópolis (Brasilien),
unter dem Titel ›O pai-nosso. A oração da libertação integral‹.
Aus dem Portugiesischen übersetzt von Horst Goldstein

CIP-Kurztitelaufnahme der Deutschen Bibliothek

Boff, Leonardo:

Vater unser: d. Gebet umfassender Befreiung /
Leonardo Boff. [Aus d. Portugies. übers.
von Horst Goldstein]. – 4. Aufl. – Düsseldorf:
Patmos Verlag, 1986.

Einheitssacht.: O pai-nosso ⟨dt.⟩
ISBN 3-491-72103-2

© 1981 Patmos Verlag Düsseldorf
Alle Rechte vorbehalten. 4. Auflage 1986
Umschlaggestaltung: Ursula M. Kahrl
Gesamtherstellung: Brönner & Daentler KG, Eichstätt
ISBN 3-491-72103-2

Inhalt

— Vater,
  du bist nicht an erster Stelle unser Richter und Herr,
  sondern
— unser Vater,
  denn du hörst das Schreien deiner unterdrückten
  Kinder.
— Du bist im Himmel,
  wohin wir im Kampf unseren Blick richten.
— Geheiligt
  werde dein befreiendes Eingreifen gegen die, die in
  deinem Namen die Menschen unterdrücken.
— Es komme zu uns,
  angefangen mit den Verarmten, deine Gerechtigkeit.
— Es geschehe
  die Befreiung durch dich, angefangen auf der Erde
  bis hin zum Himmel.
— Das tägliche Brot,
  das wir gemeinsam bereiten, gib du es uns und laß
  es uns auch gemeinsam essen.
— Vergib uns
  unseren Egoismus — in dem Maße, in dem wir den
  kollektiven Egoismus bekämpfen.
— Und führe uns nicht in Versuchung,
  die Menschen auszubeuten, um Reichtum anzuhäu-
  fen.
— Sondern befreie uns
  von der Rache und vom Haß gegen den Bösen, der
  unterdrückt und erdrückt.
— Amen.

I. Das Gebet der integralen Befreiung

Ein geistlicher Lehrmeister hat einmal gesagt:
»Wenn ich es an Liebe oder an Gerechtigkeit fehlen
  lasse,
entferne ich mich unfehlbar von dir, meinem Gott,
und mein Gottesdienst ist nur Götzendienst.
Um an dich zu glauben,
muß ich an Liebe und Gerechtigkeit glauben,
und es hat mehr Wert, an sie zu glauben
als deinen Namen auszusprechen.
Ohne Liebe und Gerechtigkeit ist es unmöglich, dir
  jemals zu begegnen.
Die aber, die sich Liebe und Gerechtigkeit zu ihrem
  Führer wählen,
sind auf dem rechten Weg, der sie bis zu dir führt.«

Die Inkarnation ist nicht nur eines der zentralen Geheimnisse des christlichen Glaubens, sie eröffnet auch
einen neuen Weg für das Verständnis der Wirklichkeit. Die Menschwerdung Gottes bedeutet nämlich die
wechselseitige Gegenwart des Göttlichen im Menschlichen und des Menschlichen im Göttlichen, das gegenseitige Sichdurchdringen des Geschichtlichen und des
Ewigen. Jede dieser Dimensionen bewahrt ihre besondere Identität und trägt gleichzeitig doch zur Bildung
einer anderen, neuen Wirklichkeit bei. Jesus Christus,
der Mensch und Gott zugleich ist, bildet die paradigma-
tische und höchste Wirklichkeit der Inkarnation. Um

das Neue dieser Wirklichkeit zu verstehen, reichen die Kategorien von Transzendenz und Immanenz nicht aus, die Schlüsselbegriffe des griechischen Denkens sind. Sie erfassen zwar das Moment, das die genannten Dimensionen voneinander unterscheidet — das Menschliche ist nicht das Göttliche, und das Göttliche ist nicht das Menschliche —, aber sie lassen uns nicht begreifen, warum beide in ein und demselben Wesen koexistieren und von ihm umfaßt werden. Deshalb bedarf es einer dritten Kategorie, der der Transparenz. Sie soll die Gegenwart der Transzendenz in der Immanenz ausdrücken und bewirkt, daß die eine für die andere durchsichtig, transparent wird. Das Menschliche ist der Ort, an dem sich das Göttliche verwirklicht, wobei das Göttliche das Menschliche verwandelt. Das Entscheidende besteht dabei in der Tatsache, daß es zu einer neuen Wirklichkeit kommt, die — obwohl zusammengesetzt aus zwei ihrer Natur nach unterschiedlichen Realitäten — doch eine ganze und dichte Wirklichkeit darstellt.[1]

1. Das Gesetz der Inkarnation

Das Christentum versteht sich als Fortsetzung der Menschwerdung Gottes. Wie der Sohn alles annahm, um alles zu befreien, so zielt der Glaube darauf ab, sich in allem zu verkörpern, um alles zu verwandeln. In diesem Sinn sagen wir, alles gehöre in gewisser Weise zum Reich Gottes, weil alles objektiv mit Gott verbunden und dazu berufen ist, zur Wirklichkeit des Rei-

---

[1] Zu einer Vertiefung in dieser Frage vgl.: L. Boff, O pensar sacramental, sua estrutura e articulação: Revista Eclesiástica Brasileira 35 (1975) 515—540.

ches Gottes zu gehören. Deshalb sind für den Glauben nicht nur die sogenannten geistlichen und übernatürlichen Dinge wichtig. Der Glaube achtet auch auf die materiellen und geschichtlichen Realitäten. Sie alle gehören zu demselben und einzigartigen Plan der Menschwerdung, in dem das Göttliche das Menschliche durchdringt und das Menschliche in das Göttliche eingeht.

Da die christliche Gemeinde von diesem Verständnis ausgeht, engagiert sie sich für die gänzliche Befreiung des Menschen und nicht nur für die seiner geistigen Dimension. Auch seine Leiblichkeit (die voll und ganz die infrastrukturelle wirtschaftliche, soziale, politische und kulturelle Dimension umfaßt) ist dazu berufen, sich ganz in Gott zu verwirklichen und an dem Reich des Vaters mitzuarbeiten. Das ist der Grund, warum sich die christliche Gemeinde besonders seit den letzten Jahren zunehmend für die Befreiung der Unterdrückten einsetzt, die dazu verurteilt sind, »am Rande eines Lebens in Hunger, chronischen Krankheiten, Analphabetismus, Armut zu bleiben...« Die Kirche—so verkündete Papst Paul VI., und Puebla bekräftigte ihn — hat »die Pflicht, die Befreiung von Millionen menschlicher Wesen zu verkünden, von denen viele ihr selbst angehören; die Pflicht zu helfen, daß die Befreiung Wirklichkeit wird, für sie Zeugnis zu geben und mitzuwirken, damit sie ganzheitlich erfolgt. Dies steht durchaus im Einklang mit der Evangelisation« (Puebla[1a] 26; Evangelii Nuntiandi 30). Die Kirche übernimmt diese zeit-

[1a] Die Evangelisierung Lateinamerikas in Gegenwart und Zukunft. Dokument der III. Generalkonferenz des lateinamerikanischen Episkopats in Puebla. Deutsche Übersetzung der durch den Heiligen Vater am 23. März 1979 approbierten Fassung, hrsg. vom Sekretariat der Deutschen Bischofskonferenz, Bonn 1979. Abgekürzt: Puebla.

lichen Aufgaben, weil sie sich dessen bewußt ist, daß auch die zeitlichen Dinge von Gnade und von Wirklichkeiten durchdrungen sind, die zum Reich Gottes gehören. Sie sind daher transparent und haben sakramentalen Charakter. Mit Recht heißt es bei einem unserer brasilianischen Dichter: »Straßenkehrer, der du das Pflaster fegst, du kehrst das Reich der Himmel« (Dom Marcos Barbosa).

2. Weder Theologismus noch Säkularismus

Zwei Gefahren, auf die sowohl Papst Paul VI. in seinem Rundschreiben ›Evangelii Nuntiandi‹ von 1975 [abgekürzt: EN] als auch die Bischöfe in Puebla (1979) aufmerksam gemacht haben, gilt es zu vermeiden. Die erste Gefahr besteht in der religiösen Verkürzung (Theologismus). Glaube und Kirche beschränken ihr Handeln auf den streng religiösen Bereich, auf Gottesdienst, Frömmigkeit und Lehre. Papst Paul VI. läßt es nicht an Deutlichkeit fehlen: »Die Kirche nimmt es nicht hin, daß ihre Sendung nur auf den Bereich des Religiösen beschränkt wird, als ob sie sich für die zeitlichen Probleme des Menschen nicht interessierte« (EN 34). Die Bischöfe in Puebla äußern sich noch schärfer: »Das Christentum muß die menschliche Existenz in ihrer Gesamtheit evangelisieren, zu der auch die politische Dimension gehört. Daher kritisiert die Kirche diejenigen, die den Glaubensbereich auf das persönliche oder familiäre Leben reduzieren wollen und die berufliche, wirtschaftliche, gesellschaftliche und politische Ebene ausschließen möchten, so, als ob Sünde, Liebe, Gebet und Vergebung dort ohne Gewicht wären« (Puebla 515). Es muß also die Notwendigkeit betont werden, das Christentum richtig zu verstehen: nicht als einen Ausschnitt aus der Wirklichkeit (den religiösen Bereich), sondern eben als einen Prozeß der Menschwerdung der gesamten Wirklichkeit, damit sie erlöst und zur Materie des Reiches Gottes wird. Es ist entscheidend, daß der Glaube wahr ist *und* daß er das Heil bringt. Das Heil aber bringt er, und er ist wahr, wenn er zur Liebe wird. Die Liebe aber, die uns am Heil teilnehmen läßt, ist keine Theorie, sondern Praxis. Nur der Glaube, der durch die Praxis der Liebe geht, verdient diesen Namen. Wir müssen also den Glauben im Gesamtspektrum der Lebenswirklichkeit betrachten.

Die zweite Gefahr ist die der politischen Verkürzung (Säkularismus), zu der es dann kommt, wenn die Bedeutung von Glaube und Kirche auf den rein politischen Bereich beschränkt wird. Sie verengt die Sendung der Kirche »auf die Dimension eines rein zeitlichen Programms, ihre Ziele auf eine anthropozentrische Betrachtungsweise, das Heil — dessen Bote und Sakrament sie ist — auf einen materiellen Wohlstand, ihre Tätigkeit — unter Vernachlässigung ihrer gesamten geistlichen und religiösen Sorge — auf Initiativen im politischen und sozialen Bereich« (EN 32, Puebla 483). Der Glaube besitzt eine auf die Gesellschaft gerichtete Dimension, aber er erschöpft sich nicht in ihr. Das Auge des Glaubens richtet sich im eigentlichen Sinn auf die Ewigkeit. Von dort aus überlegt er sein politisches Engagement und leitet sein gesellschaftliches Handeln. Schon in der Geschichte kündet und signalisiert der Glaube ein Heil, das die Geschichte selbst nicht hervorbringen kann, eine so vollständige Befreiung, daß sie zur vollkommenen Freiheit führt, die aber bereits hier auf Erden beginnt.

Diese beiden Verkürzungen beeinträchtigen sowohl die Transparenz als auch die Einheit des Menschwerdungsprozesses. Deshalb kommt es darauf an, jeden antithetischen Dualismus zu überwinden und zwischen menschlicher Befreiung und Erlösung in Jesus Christus ein richtiges Verhältnis und eine angemessene Form herzustellen[2] (vgl. EN 35, Puebla 485): »Die Kirche bemüht sich, den christlichen Einsatz für die Befreiung stets in den umfassenden Heilsplan einzuordnen, den sie selbst verkündet« (EN 38, Puebla 483).

Die Forderung der Geschichte und des Glaubens besteht darin, daß wir uns um eine vollkommene Befreiung bemühen, die alle Dimensionen des körperlich-geistigen, persönlichen und kollektiven, geschichtlichen und transzendenten Lebens des Menschen umfaßt. Jede Verkürzung, sei es auf der Seite des Geistes, sei es auf der der Materie, widerspricht der Einheit des Menschen, dem einzigartigen Plan des Schöpfers und der zentralen Wirklichkeit der Verkündigung Jesu, dem Reich Gottes, das die Gesamtheit der Schöpfung umfaßt.

3. Das Vaterunser — die richtige Formulierung

Im Gebet des Herrn finden wir in der Tat das richtige Verhältnis zwischen Gott und Mensch, zwischen Himmel und Erde, zwischen Religion und Politik. Hier ist die Einheit ein und desselben Prozesses gewahrt. Der erste Teil bezieht sich auf die Sache Gottes, auf den Vater, die Heiligung seines Namens, sein Reich und seinen

---

[2] Zu dieser Frage vgl. *L. Boff / C. Boff*, Da Libertação. O sentido teológico das libertações sócio-históricas, Petrópolis 1979.

heiligen Willen. Im zweiten Teil geht es dann um die Sache des Menschen, um das notwendige Brot, die unerläßliche Vergebung, die stets gegenwärtige Versuchung und das Böse, das uns immer wieder bedroht. Beide Teile bilden zusammen dasselbe und einzigartige Gebet Jesu. Gott nimmt nicht nur Anteil an dem, was Gottes ist: Name, Reich und göttlicher Wille, sondern er sorgt sich auch um das, was des Menschen ist: Brot, Vergebung, Versuchung und das Böse. Aber auch der Mensch sorgt nicht nur für das, was ihm wichtig ist: Brot, Vergebung, Versuchung und das Böse, sondern er hält sich auch für all das offen, was den Vater betrifft: die Heiligung seines Namens, das Kommen seines Reiches und die Erfüllung seines Willens.

Im Gebet Jesu ist die Sache Gottes der Sache des Menschen nicht fremd, und die Sache des Menschen ist der Sache Gottes nicht gleichgültig. Die Bewegung, mit der der Mensch sich zum Himmel erhebt und Gott anfleht, beugt sich auch zur Erde und sorgt für die irdischen Bedürfnisse. Es ist dieselbe Bewegung innerhalb einer tiefen Einheit. Gerade diese Wechselbeziehung vermittelt dem Gebet des Herrn seine Transparenz.

Was Gott zusammengefügt hat — die Sorge um Gott und die Sorge um unsere Bedürfnisse —, kann und darf niemand trennen. Niemals darf man Gott wegen irdischer Bedürfnisse aufgeben, aber ebensowenig ist man jemals berechtigt, die Grenzen des Lebens in der Welt wegen der Größe der Wirklichkeit Gottes herabzusetzen. Das eine wie das andere ist Gegenstand von Gebet, Bitte und Lob. Aus diesem Grund halten wir das Vaterunser für das Gebet der ganzheitlichen Befreiung.

Die Wirklichkeit, wie sie das Vaterunser sieht, stellt sich nicht rosig dar, sondern ist voller Konflikte. Das

Reich Gottes liegt im Kampf mit dem Reich des Satans. Der Vater ist zugleich nahe (*unser* Vater) und fern (Vater *in den Himmeln*). Der Mund der Menschen ist voll von Gotteslästerungen; deshalb gilt es, den Namen Gottes zu heiligen. In der Welt herrscht jede Art von Boshaftigkeit, so daß das angstvolle Warten auf das Kommen des Reiches Gottes nur noch intensiver wird; denn das Reich Gottes ist Gerechtigkeit, Liebe und Frieden. Den Willen Gottes, dem vielfältig zuwidergehandelt wird, müssen wir in unseren Taten verwirklichen. Wir bitten um das notwendige Brot, weil viele Menschen es entbehren müssen. Wir bitten darum, daß Gott uns alles vergibt, was wir an Brüderlichkeit zerstört haben; denn sonst wären wir außerstande, denen zu verzeihen, die uns verletzt haben. Wir bitten um Kraft in der Versuchung, weil wir sonst erbärmlich zugrunde gingen. Wir schreien, Gott möge uns vom Bösen befreien, weil wir sonst endgültig abfallen. Doch bei aller Konflikthaftigkeit, im Gebet des Herrn klingt durch jede Zeile hindurch ein deutlich vernehmbarer Ton freudigen Vertrauens und heiterer Hingabe, weil sie die ganze Bedrängnis mit all ihren Aspekten zum Ort der Begegnung mit dem Vater macht.

Dem aufmerksamen Beobachter fällt auf, daß das Vaterunser die großen Fragen der persönlichen und gesellschaftlichen Existenz aller Menschen zu allen Zeiten aufgreift. Von der Kirche indessen ist nicht die Rede, ja nicht einmal von Jesus, seinem Tod und seiner Auferstehung. Im Mittelpunkt steht eindeutig Gott, der in Bezug gesehen wird zu dem anderen Zentrum, dem Menschen und seinen Bedürfnissen. Das ist das Wesentliche. Alles andere ist Konsequenz oder Kommentar, es wird uns zusammen mit dem Eigentlichen gewährt.

»Bittet um die großen Dinge, und Gott wird euch die kleinen auch geben«, so lautet ein Wort Jesu, das — außerhalb der Tradition der Evangelien — von Clemens von Alexandrien (140—211) überliefert wird.[3] Es enthält eine wertvolle Lehre: Wir sollen unseren Geist weit öffnen über unseren engen Horizont hinaus und unser Herz über unsere Grenzen hinweg. Dann werden wir das Wesentliche finden, das Jesus in dem Gebet, das er uns selbst gelehrt hat, im Vaterunser, zum Ausdruck bringt.

Die Abfolge der Bitten ist keineswegs willkürlich. Zunächst geht es um Gott und dann um den Menschen. Aus der Perspektive Gottes, mit seinen Augen, betrachten wir unsere Bedürfnisse. Und mitten in unseren Nöten müssen wir uns um Gott kümmern. Die Leidenschaft nach dem Himmel drückt sich in der Leidenschaft für die Erde aus. Jede echte Befreiung entsteht in christlicher Sicht aus einer tiefen Begegnung mit Gott und verpflichtet uns zu engagiertem Handeln. Dort hören wir seine Stimme, die uns unaufhörlich sagt: Geh! Zugleich führt uns jedes echte Engagement im Sinn von Gerechtigkeit und Liebe zu den Brüdern und Schwestern, aber auch zu Gott, der ja die wahre Gerechtigkeit und die höchste Liebe ist. Dort hören wir seine Stimme, die uns ruft: Komm! Jede Bemühung um Befreiung, die nicht in Gott den tiefsten Antrieb allen Handelns sieht, verfehlt ihr Ziel und bleibt unvollkommen. Im Vaterunser finden wir diese glückliche Beziehung ausgedrückt. Nicht ohne Grund bringt Jesus das Wesentliche seiner Botschaft — das Vaterunser — nicht als eine Lehre, sondern in Form eines Gebets zum Ausdruck.

[3] *J. Jeremias*, Das Vater-Unser im Lichte der neueren Forschung, Stuttgart, ⁴1967, 27.

Unsere theologisch-geistliche Betrachtung über das Vaterunser soll sich auf drei Ebenen vollziehen, die aber
miteinander zu verbinden sind. Zunächst wenden wir
uns dem historischen Jesus zu: Welchen Sinn mißt Jesus
selbst seinen Worten bei? Welche Bedeutung hat das
Gebet für ihn? Seit ältesten Zeiten versteht man das
Vaterunser als eine Zusammenfassung der Botschaft
Jesu. In ihm bringt Jesus — in Gebetsform — seine
tiefste und radikalste Erfahrung zum Ausdruck. Gerade
auf dieser Ebene haben wir uns intensiv darum bemüht,
auf gesicherte Erkenntnisse der Exegese zurückzugrei-
fen.
Auf der zweiten Ebene kommt die apostolische Kirche
mit ihrer Theologie zu Wort. Matthäus und Lukas stell-
ten in ihren Evangelien das Vaterunser in den Zusammenhang gemeinschaftlichen Betens. Die Christen beteten das Vaterunser bei all ihren Zusammenkünften.
Da sie aber unter jeweils anderen Umständen lebten,
gaben sie den Worten jeweils einen anderen Sinn, wie
sich das auch in den unterschiedlichen Evangelienredak-
tionen und theologischen Akzenten widerspiegelt, mit
denen sie die Worte Jesu versahen. Deshalb versuchen
wir, das Vaterunser auf dem Hintergrund der gesamten Theologie des Neuen Testaments zu verstehen.
Schließlich möchten wir das Vaterunser deuten, indem
wir auf die Bedürfnisse unserer eigenen Zeit hören.
Wenn wir heute das Gebet des Herrn sprechen, dann
können wir das nur im Zusammenhang mit all den
Sorgen, die unsere Glaubensgemeinschaft bedrücken.
Angesichts der ungeheuren Ungerechtigkeiten, die unsere Brüder und Schwestern zu erleiden haben, bemüht
sich die Kirche heute, den Glauben in seiner befreienden
Dimension zu leben und zu denken. Wir erleben das

Vaterunser als das vollkommene Gebet umfassender Befreiung. Wenn man die klassischen Kommentare der Väter des Glaubens[4] aufmerksam liest — genannt seien nur Tertullian (160—225), Cyprian (200—285), Origenes (185—253), Kyrill von Jerusalem († 386), Gregor von Nyssa († 394), Ambrosius von Mailand (339—397), Theodoros von Mopsuestia († 428), Augustinus (354 bis 430) und Franz von Assisi (1181—1226) —, dann stellt man fest, daß in ihren Kommentaren zum Vaterunser immer auch ein Kommentar des eigenen Lebens durchklingt, mit den besonderen Hoffnungen und Ängsten der jeweiligen Zeit.

Nichts ist selbstverständlicher als das; denn lesen bedeutet immer auch neu lesen. Wer die Vergangenheit sinnvoll deutet, aktualisiert sie auch stets für die Gegenwart.

Im Bewußtsein solcher Prozesse, die sich in jedem Verstehensvorgang abspielen, stehen wir zur Tragweite und zu den Grenzen unseres eigenen Kommentars, der auf dem Hintergrund unserer von Unterdrückung und Sehnsucht nach ganzheitlicher Befreiung gekennzeichneten Wirklichkeit entsteht. Indem wir das Gebet des Herrn täglich sprechen, durchdringen sich gegenseitig die Worte einer vergangenen Zeit und die Fakten unserer heutigen Tage. Voller Überraschung entdecken wir, daß wir Jesus Christus nahe und seine Zeitgenossen sind.

---

[4] Eine gute Übersetzung aus dem Griechischen und Lateinischen hat vorgelegt: *A. Hamman*, Le Pater expliqué par les Pères, Paris 1952.

II. Wann hat es Sinn, das Vaterunser zu beten?

»Unser Stadtteil ist ein Sammelplatz von Wanderarbeitern. Hier wohnen Leute, die ihre Heimat verlassen haben, um besser zu leben oder zumindest ein bißchen besser leben zu können. Und sie arbeiten, sie arbeiten sogar sehr, wenn sie nicht arbeitslos sind. Aber obwohl sie arbeiten, bringen sie es zu nichts. Sie verhelfen lediglich ihren Arbeitgebern zu höheren Gewinnen.

Was kann man dagegen tun? Zuerst wird weniger ausgegeben. Möglichst wenig ausgeben! Zu essen gibt's Bohnen und, wenn es dazu reicht, Reis, Mandiokamehl und Eier. Gelegentlich mal ein Hähnchen. Richtiges Fleisch fast nie. Kleidung und Schuhe kann man sich nur alle Jubeljahre leisten. Größere Einkäufe — nur dann und wann, und zwar auf Raten. Aber auch dann reicht es nicht. Deshalb wird noch mehr gearbeitet. Die ganze Familie arbeitet: Vater, Mutter, Jungen und Mädchen. Die kleinen Kinder bleiben sich selbst überlassen ohne Beaufsichtigung, ohne Zuwendung.

Wohnen ist hier ein schwieriges Kapitel. Richtige Häuser gibt es praktisch nicht. Die Leute verkriechen sich eigentlich nur, in Verschläge und Hütten. In einem Verschlag hausen fünf Leute und in einer Hütte zwei Familien. Da die Leute alle dicht zusammengedrängt leben, können sie nirgends ihren Abfall hinwerfen. Wasserstelle und Latrine liegen dicht beisammen. Das Wasser ist voller Bakterien. Wie kann man unter diesen Bedingungen überhaupt noch gesund sein? Hart arbeiten, kaum was zu essen, wie ein Tier hausen und überall in den Dreck treten ... wer hält das eigentlich noch aus? Wir stecken alle voller Arme-Leute-Krankheiten: Würmer, Unterernährung, Hungerödeme, Tuberkulose, Lungenentzündung, Hirnhautentzündung. Eine Krankheit kommt zur anderen, und so sterben die Leute sehr früh.

Wir sind nur eine Ansammlung von versprengten Einzelnen, aber kein Volk. Für nichts gibt es Vereine. Niemand hilft uns dabei, unsere wirtschaftlichen Bedürfnisse zu befriedigen, unsere Löhne zu verteidigen und überhöhte Preise oder schlechte Waren zu kontrollieren. Das ist unsere Wirklichkeit. Hart. Häßlich. Traurig.«

> Bericht der Kirchlichen Basisgemeinde in Santa Margarida am Stadtrand von São Paulo,
> in: SEDOC 11 (1978) 345—348.

Das Gebet ist nicht die erste Tat des Menschen. Ehe der Mensch betet, erlebt er einen existentiellen Schock. Erst dann bricht das Gebet auf, das Bittgebet, das Dankgebet oder die Anbetung.[1] Mit dem Gebet, das Jesus uns lehrt, dem Vaterunser, verhält es sich nicht anders. Es ist nur aus der innersten Erfahrung Jesu zu verstehen, die er in seiner Botschaft und in seinen Taten auch zum Ausdruck bringt. Das Vaterunser ist wirklich — wie schon im dritten Jahrhundert einer seiner

---

[1] Zum Thema Gebet im allgemeinen vgl. das klassische Werk von *F. Heiler*, Das Gebet. Eine religionsgeschichtliche und religionspsychologische Untersuchung München/Basel (⁵1959) 1969. Die beste Arbeit über das christliche Gebet ist nach wie vor: *A. Hamman*, La Prière, 2 Bde., Tournai 1959/63.

Kommentatoren, Tertullian († 225), schreibt — die Summe des ganzen Evangeliums (»breviarium totius evangelii«).[2] Was aber ist der existentielle Schock, der dem Vaterunser und der »Guten Nachricht« Jesu zugrunde liegt?

1. Die offenen Adern: Die Welt seufzt
(Röm 8,22)

Wenn man die Welt betrachtet, ist man betroffen von einer furchtbar paradoxen Erfahrung. Neben der unbezweifelbaren Güte, Schönheit und Anmut, die alle Dinge auszeichnen, stoßen wir auf unbestreitbare Bosheit, Gespaltenheit und Verderbtheit, von denen Mensch und Welt ebenfalls gekennzeichnet sind. Das Leiden ist ein Ärgernis. Bei so vielen Tränen, denen man überall begegnet, kann man die Wirklichkeit nur als furchtbar bezeichnen. Die Welt steckt voller Aggressivität. Ihr grundlegendes Gesetz heißt: Dein Tod ist mein Leben. Ungeheure, ja kosmische Umwälzungen, Umstürze und Unordnungen bedrohen jedes nur mögliche Gleichgewicht. Überall entdecken wir offene Adern. Das Blut fließt, ohne Preis und grundlos. »Die Welt stöhnt wie in Geburtswehen«, stellt Paulus fest (Röm 8,22). Sie gehört nicht sich selbst, sondern ist dia-bolischen Kräften ausgeliefert. Es gibt keine Gesellschaft — außer in den Träumen —, die nicht ihre Martyrer, ihre Massaker und ihre kollektiven Verbrechen hätte. Die Schöpfung ruht nicht mehr unter dem Regenbogen des göttlichen Friedens. Überall erheben sich Götzenbilder, die An-

---

[2] De oratione (PL 1, 1255).

24

betung fordern und sich an die Stelle des lebendigen und wahren Gottes setzen wollen.

2. Ich unglücklicher Mensch! Wer wird mich befreien. . .? (Röm 7,24)

Im menschlichen Bereich ist die Erfahrung des Widerspruchs noch bedrückender. Der Schrei Ijobs steigt von Generation zu Generation zum Himmel und verletzt die Ohren aller, die ihn hören. Jeder einzelne erlebt, wie sehr seine Beziehung zur Welt, zur Arbeit, zum Mitmenschen, zu Liebe und Gerechtigkeit zerstört ist. Doch der Bruch geht nicht nur durch die gesellschaftlichen Gruppen, sondern zerreißt auch das Herz des Menschen selbst: »Ich tue nicht das Gute, das ich will, sondern das Böse, das ich nicht will« (Röm 7,20). Der Wille, zu herrschen, ist unersättlich, der Vernichtungstrieb läßt nie nach, und die Zahl der Opfer ist nie groß genug. Selbst auf das tägliche Leben fällt der Schatten des Absurden, des unlösbaren Rätsels und der Grausamkeit. Die Geschichte des sinnlosen Schmerzes kennt noch nicht das abschließende Kapitel. Auch der Menschensohn bleibt nicht verschont von »Schreien und Tränen« (Hebr 5,7), von Ängsten (Lk 22,44), von der »Schule des Leidens« (Hebr 5,8) und vom Schrei zum Himmel, der die Gottverlassenheit ausdrückt: »Mein Gott, mein Gott, warum hast du mich verlassen?« (Mk 15,34). In seinem fragenden Ausruf: »Ich unglücklicher Mensch! Wer wird mich befreien ...?« (Röm 7,24), bringt Paulus die ganze Dichte des menschlichen Dramas zum Ausdruck.

3. Sehnsüchtig wartet die Schöpfung ...
(Röm 8,19)

Gegenüber dieser makabren Lage können wir drei verschiedene Haltungen einnehmen: Auflehnung, Resignation oder Hoffnung wider alle Hoffnung.

Die einen sind über die Tragik in der Welt empört und erheben die Faust gegen den Himmel: Es gibt keinen Gott, und wenn Gott existierte, dann hätten wir mehr Fragen an ihn als er an uns alle! Das Selbstgefühl der Moderne ist durchdrungen von Anklagen gegen Gott.[3] Wenn es — so sagen manche Leute — einen Verbrecher gibt, der vor Gericht gestellt werden müßte, dann ist das Gott. Obwohl er allmächtig ist und seine Kinder retten kann, tut er es nicht. Statt dessen liefert er sie der Folter und dem gewaltsamen Tod aus. Er verhält sich wie ein Verbrecher. Andere schreien: Ich weigere mich für alle Ewigkeit, eine Welt als Gottes Schöpfung anzunehmen, in der Kinder unschuldig leiden müssen. Gott ist ein Moloch, der von Tränen, zerrissenen Leibern und zu Tode geschundenen Menschen lebt. Ein solcher Gott ist unannehmbar! Er ist niemandes Vater — wie Marcion, ein Häretiker im zweiten Jahrhundert, sagt, um Gottes fehlende Liebe und unsere Unfähigkeit auszudrücken, ihn angesichts der Tragödie dieser Welt zu lieben. Der berühmte moderne englische Historiker Arnold Toynbee wurde gequält von einer „Unstimmig-

---

[3] Vgl. *Ch. Moeller*, Littérature du XXᵉ siècle et christianisme, Paris/Tournai ⁸1959 (deutsch: Literatur des Zwanzigsten Jahrhunderts und Christentum, Bd. I, Bonn 1960); *ders.*, Aspectos do ateísmo na literatura moderna, in: Deus está morto?, Petrópolis 1970, 281—302; *G. Greshake*, Leiden und Gottesfrage: Geist und Leben 50 (1977) 102—121 (mit vielen Beispielen, bes. 101—117).

keit im Vaterunser«: »Gott kann nicht gleichzeitig gut und allmächtig sein. Dies sind zwei alternative Gottesbegriffe, die sich gegenseitig ausschließen. Wir haben uns für den einen oder den anderen zu entscheiden . . .«[4] Die Existenz eines Gottes, der Liebe ist, mit der Ungerechtigkeit der Welt in Einklang zu bringen, ist seit Ijob eine Herausforderung an die Vernunft. Sosehr sich auch Geister wie Augustinus oder Leibniz um Argumente bemüht haben, um Gott zu entlasten und den Schmerz zu erklären, der Schmerz ist nicht verschwunden. Den Schmerz zu verstehen, bedeutet nicht, daß man ihn nicht mehr empfindet, so wie Kochrezepte, die man liest, einem ja auch nicht den Hunger nehmen. So wird auch die schroffe Haltung verständlich, mit der Ijob alle ›Freunde‹ abweist, die ihm den Sinn des Leidens erklären wollen: »Ihr seid nur Scharlatane, untaugliche Ärzte. Daß ihr endlich schweigen wolltet, das wäre Weisheit für euch . . . Doch ich will zum Allmächtigen reden, mit Gott zu rechten ist mein Wunsch« (Ijob 13,4—5; 13,3).
Andere überlassen sich einer metaphysischen Resignation: Das letzte Prinzip der Wirklichkeit ist gut und böse, Gott und Teufel zugleich. Wir sind seiner Willkür ausgeliefert. Welt und Mensch sind die Arena, in

[4] Uma discussão no pai-nosso, in: Experiências, Petrópolis 1970, 192—194, hier 193. Toynbee argumentiert wie folgt: Wenn Gott allmächtig ist, kann er alles. Wenn er alles kann, warum schafft er dann das Böse nicht ab? Wenn er es aber nicht abschafft, ist er entweder nicht allmächtig oder nicht gut. Gottes Güte und Allmacht schließen einander aus. Wenn die beiden Begriffe zusammenpaßten, wäre Gott zugleich Gott und der Teufel (a. a. O. 193). An entsprechender Stelle werden wir darlegen, wie diese falsche Alternative aufzulösen ist: Gott ist so allmächtig, daß er auch das Böse zu erleiden vermag, ohne von ihm besiegt zu werden.

der sich der innere Widerspruch der obersten Realität widerspiegelt. Manche nehmen an, zwei Prinzipien lägen in einem ewigen Krieg miteinander: das Prinzip des Guten und das Prinzip des Bösen. Die Lösung könne nicht darin bestehen, das Böse zu überwinden. Vielmehr gehe es darum, einen Ausgleich zwischen dem Guten und dem Bösen zu suchen, zwischen Integration und Desintegration. Der Mensch müsse sich daran gewöhnen, ohne Hoffnung zu leben.

Wieder andere ergeben sich einer ethisch-religiösen Resignation. In Gott gebe es kein Dunkel, sondern nur Licht. Das Böse sei auf der Seite des Menschen, der nicht Opfer eines Schicksals oder einer unwiderstehlichen Versuchung, sondern Subjekt einer Freiheit sei, die sich in freier Wahl für das Scheitern entschließen kann. Die Erzählung vom Sündenfall (Gen 3) wolle die Verantwortung des Menschen herausstellen. Der Mensch habe sich im Mißbrauch seiner Freiheit dermaßen verstrickt, daß diese sozusagen in Gefangenschaft geraten sei. Deshalb leide der Mensch an seiner geschichtlichen Unfähigkeit, ein Leben in Vernunft und Brüderlichkeit zu führen. So müsse er Geduld mit sich selbst haben und sich demütig als Sünder bekennen. Jesus Sirach ist der Prototyp solch eines skeptischen und resignierten Menschen. Er gibt sich über das Leben des Menschen und seine Zukunft keine Illusionen hin.[5] Den Leser aller Zeiten lädt er ein: »Ertrage Gottes Langmut ... Hänge ihm an und weiche nicht ab ... Nimm alles hin, was über

---

[5] Bekanntlich ist die Stoa die philosophische Schule und der Weisheitsweg, die sich am meisten mit der Schicksalshaftigkeit dieser Welt auseinandergesetzt haben. Die Stoa lehrte, man solle das Prinzip der Wirklichkeit hinnehmen, ja sich an es hingeben. Sie rief geradezu zu einem titanenhaften Verhalten auf, weil man alles mit Heiterkeit und Hochherzigkeit ertragen

dich kommen mag, halte aus in vielfacher Bedrängnis«
(Sir 2,3—4). Gott ist ja nicht weit weg und gleichgültig
gegenüber den Schreien der Unterdrückten. Vielmehr
entschließt er sich, sie zu befreien (Ex 3,8). Die Flüche
der Armen sind Schreie, die Gott hört (vgl. Sir 4,6). Er
kann sagen: »In all eurem Schmerz teile auch ich euren
Schmerz« (vgl. Jes 63,9) und: »Zusammen mit dem,
der in Gefahr ist, bin auch ich in Gefahr« (Ps 91,15).
Im Neuen Testament wird die Geschichte Gottes als
Geschichte solidarischen Leidens erzählt. Der Messias
ist der Gerechte, der leiden muß, und der Knecht, der
»unsere Schmerzen getragen hat und von dem wir meinten, er sei vom Unheil getroffen, von Gott gebeugt und
geschlagen« (Jes 53,4; = Mt 8,17). »Er vermag denen,
die versucht werden, zu helfen, weil er selbst versucht
wurde und gelitten hat« (Hebr 2,18). Trotzdem kann
die Solidarität den Schmerz nicht beseitigen. Aber sie
schafft Brüderlichkeit unter den Leidenden, bringt Gelassenheit und schützt — wegen der Gemeinschaft mit
dem Größeren und Stärkeren, der gleichfalls gelitten
hat (vgl. Kol 1,24; Röm 8,17; 1 Petr 4,13) — vor Verzweiflung. Dennoch und trotz alledem: Die Wunde
bleibt offen und blutet auch weiter. Und noch einmal:
Ich unglücklicher Mensch! Wer wird mich befreien . . .?

und erleiden solle. Das Ideal der Stoa hat immer wieder große
Geister angezogen, unter vielen anderen auch Freud und
Toynbee. Immer bleibt wohl die Frage: Kann der Mensch,
so wie er ist, auf sich selbst und auf seine Kräfte vertrauen?
Oder wäre das für die menschliche Natur eine Überforde-
rung, die sie in der Regel in den Ruin stürzt? Oder ist der
Mensch nicht dazu aufgerufen, sich einem Größeren anzuvertrauen und sich bei diesem auszuruhen? Vgl. zu der ganzen
Frage die vorzüglichen Überlegungen von O. *Kuss,* Zum Vor-
sehungsglauben im Neuen Testament, in: Auslegung und Verkündigung II, Regensburg 1966, 139—152, bes. 139—146.

Aber es gibt auch noch jene Menschen, die gegen alle Hoffnung hoffen. Sie sind nicht weniger realistisch als die anderen. Auch für sie ist die Welt ein Tränental. Auch sie werden unaufhörlich durch all die Absurditäten im persönlichen Leben und in der Geschichte versucht. Dennoch bezeugen sie, der gesamten Anti-Geschichte des Leidens zum Trotz, einen triumphierenden Sinn. Im Begriff der Evolution und im Ursprung der Welt gilt nicht das Chaos, sondern der Kosmos, nicht die Auflösung, sondern die Sammlung allen Seins in der Liebe. Die Welt ist nicht schlecht, weil sie Welt ist, sondern weil sie durch die Verantwortungslosigkeit der menschlichen Freiheit zur schlechten Welt wurde. Diese Menschen hoffen auf die Offenbarung des vollen Lichts, das alle Dunkelheit vertreiben wird. Sie bauen auf Verheißungen, die in der archaischen Sprache der Bibel lauten: »Aus ihren Schwertern werden sie Pflugscharen schmieden und aus ihren Lanzen Winzermesser. Kein Volk wird mehr gegen das andere zu Felde ziehen« (Jes 2,4; Mich 4,3). Denn: »Jeder Stiefel, der dröhnend daherstampft, und jede Uniform, die mit Blut befleckt ist, werden verbrannt, werden ein Fraß des Feuers werden« (Jes 9,4). »Die Armen werden vor Gericht Gerechtigkeit erfahren und die Hilflosen Recht« (Jes 11,4). Zwischen Mensch und Natur wie auch unter den Naturkräften selbst werden Eintracht und Brüderlichkeit herrschen (Jes 11,6—9), und schließlich »wird es weder Hunger noch Durst«, noch kosmische Katastrophen geben (Apg 7,16), weil Gott dann ein Gott-mit-uns sein und alle Tränen von unseren Augen abwischen wird, weil dann der Tod nicht mehr sein wird und kein Klagelied, kein Jammer und keine Mühsal, denn das erste ist vergangen (Apk 21,3—4). Dann werden der neue

Himmel und die neue Erde sein (Apk 21,1.5). Dies ist die Sprache von Utopie und Hoffnung. Zwar widerspricht die Erfahrung mit der Melancholie der Welt unaufhörlich dieser befreienden Vision. Aber die Sehnsucht danach wird niemals sterben, und die Phantasie ist realer als die Brutalität der Fakten. Deshalb wird es immer Geister geben, die immun sind gegen den Virus der Hoffnungslosigkeit und der Ohnmacht. Propheten aller Zeiten treten als Ritter der Hoffnung auf und erstrahlen als Sterne eines besseren Morgen. Allerdings liegt die Lösung in der Zukunft. Nur in der Hoffnung fühlen wir uns gerettet (vgl. Röm 8,24). Die Zeiten bleiben finster und der Mensch beschämt. Bis wann noch, Herr?

4. Denen, die im Dunkel des Todes wohnten, ist ein Licht erschienen
(Mt 4,16)

Vor diesem Hintergrund müssen nun das Auftreten Jesu und der Widerhall verstanden werden, den seine Botschaft fand: »Die Zeit ist erfüllt. Die Gottesherrschaft ist nahe. Kehrt um und glaubt an die Heilsbotschaft!« (Mk 1,15). Gott hat beschlossen, in das Geschehen der Welt einzugreifen, der dia-bolischen Situation ein Ende zu bereiten und eine neue Ordnung zu begründen. Jesus verkündet nicht nur eine Zukunft. Er spricht von der Gegenwart: »Heute ist das Schriftwort in Erfüllung gegangen, das ihr soeben gehört habt« (Lk 4,21). Das Reich Gottes ist die zentrale Aussage der Botschaft des historischen Jesus. Freilich definiert er nirgends, was denn dieses Reich eigentlich sei. Aber es ist nicht nur ein wohlklingendes Wort. Es bringt dem ganzen Volk Freude, befindet sich schon mitten unter uns, und ein volles Offenbarwerden steht unmittelbar bevor. Es verändert die Wirklichkeit dieser Welt, denn Blinde sehen, Lahme gehen, Tote stehen wieder auf, Sünden werden vergeben. Die Armen, Bedrängten, ungerecht Behandelten sind die ersten Nutznießer. Es geht darum, sein Leben zu ändern und sich für die neue Lage zu rüsten. Das Reich kommt nicht automatisch. Es handelt sich nicht um eine Theorie, die das ganze Drama der Welt erklären könnte, sondern um ein Tun, ein Verändern, um eine neue Praxis. Das Reich Gottes ist ein literarischer Ausdruck — aus Ehrfurcht vermeiden ja die Juden das Wort ›Gott‹ als Subjekt —, mit dem man sagt: Gott herrscht für immer (vgl. Ex 15,18), das heißt: Gott erscheint als der alleinige Herr der Geschichte, stellt die zerstörte Ordnung wieder her, entthront die Mächtigen, die sich über die anderen erhoben hatten, richtet die Demütigen auf, weil sie erniedrigt worden sind, und vernichtet auch noch den letzten Feind, den Tod (vgl. 1 Kor 15,26). Damit Gott seine Schöpfung in dieser Weise befreien kann, ist es notwendig, daß sich der Mensch daran beteiligt und nicht bloß zuschaut. Anderenfalls wäre das Reich Gottes unmenschlich und Zwang. So wie diese Welt heute ist, ist sie nicht das Reich Gottes. Aber durch das Eingreifen Gottes und die Umkehr des Menschen, der auch seinerseits auf die Welt einwirkt, wird sie zum Ort des Gottesreichs. Das Reich Gottes ist also Gabe und Aufgabe in einem, unverdientes Geschenk und Eroberung, Gegenwart und Zukunft, Fest und Verheißung.[6] Jetzt wird die Hoff-

[6] Vgl. *L. Boff*, O projeto histórico de Jesus, in: ders., Paixão de Christo — Paixão do mundo, Petrópolis ²1978, 21—38.

nung im bedrängten Herzen der Menschen wieder lebendig: »Das Volk, das im Dunkel lebte, hat ein helles Licht gesehen« (Mt 4,16): Jesus, das gegenwärtige Reich. Wo er ist, bricht auch das Gottesreich an.

Das vollkommene Offenbarwerden des Reiches steht unmittelbar bevor. Jesus teilt die Überzeugung seiner Zeitgenossen, daß das völlige Neuwerden aller Dinge vor der Tür steht. Das Wann und Wie (tempora et momenta) kümmert ihn nicht. Was ihn aber kümmert, ist die notwendige Wachsamkeit. Man muß auf der Hut sein, denn das Reich kommt wie ein Dieb.[7] Das Reich Gottes entsteht gegen das Reich dieser Welt. Mit Jesus ist es zwar angebrochen, die makabre Situation bleibt jedoch bestehen. Der Grundwiderspruch also zwischen der Perversion der Welt und dem Heil-Sein des neuen Himmels und der neuen Erde besteht fort, wenn auch nur für eine kurze Zeit. Die Apokalyptik zur Zeit Jesu erlebte diese Spannung und dieses Warten ganz tief. Ohne Kenntnis dieser apokalyptischen Erwartung kann man den historischen Jesus nur schwer verstehen, die Härte seiner Botschaft, die Hoffnung, die er weckt, das Drängende der Zeit, die er voraussetzt, und die Radikalität der Umkehr, die er als Vorbereitung auf die entscheidende Krise fordert.

Die gänzliche und strukturelle Umkehrung der Wirklichkeit, wie sie mit dem Anbrechen des Reiches Gottes verheißen wird, hinzunehmen, verlangt Glauben. Jesus selbst fordert das ausdrücklich und wiederholt: Glaubt an das Neue in der Botschaft (Mk 1,15; Mt 3,2). Es ist nicht selbstverständlich, daß aus der Utopie Topie

---

[7] Vgl. *F. J. Schierse*, Die Krise Jesu von Nazareth, in: Christentum als Krisis, Würzburg 1971, 35—65, bes. 38—41.

mit deutlichen Konturen, ja sogar strahlende Wirklichkeit wird. Im zweiten Petrusbrief hallt noch die Klage der Hörer Jesu nach: „Seitdem unsere Väter entschlafen sind, ist alles geblieben, wie es seit Anfang der Schöpfung war. Warum?« (2 Petr 3,4). Ist es vernünftig, auf die Versprechungen von Träumern zu hören? Ist es nicht klüger und reifer, das Prinzip der Wirklichkeit mit seinen Widersprüchen hinzunehmen? Und dennoch gibt es Menschen, die wider alle Erfahrung mit der Wirklichkeit hoffen. Ijob würde dazu sagen: »Er mag mich töten, ich hoffe auf ihn« (13,15). Das Herz des Menschen kann nicht für immer betrogen werden. Daß dies wahr ist, hat die Auferstehung Jesu bezeugt. Denn in seiner Auferweckung bricht — im Entstehen des neuen Adam (1 Kor 15,45) — zum erstenmal ein unmißverständliches Zeichen des neuen Himmels und der neuen Erde an. Dies ist die vollkommene Befreiung!

5. In der Kraft Jesu und des Heiligen Geistes wagen wir zu sprechen: Unser Vater! (Gal 4,6)

Der existentielle Schock, von dem zuvor die Rede war, bildet die Grundlage des Vaterunsers, des Gebetes, das Jesus die Apostel lehrte. In ihm kristallisiert sich das Kernstück der Erfahrung Jesu, und auf ihm beruhen die zentralen Aussagen seiner Botschaft. Die Erfahrung konzentriert sich in dem Bewußtsein, daß die Endkatastrophe unmittelbar bevorsteht.[8] Die Tage und

[8] Vgl. die Klassiker dieser Deutung, die bis heute heftig diskutiert wird: *J. Weiss*, Die Predigt Jesu vom Reiche Gottes (1892),

Stunden dieser bösartigen Welt sind gezählt. Die Botschaft verkündet aber nicht — wie Johannes der Täufer es predigt — Gericht und Strafe, sondern Freude, weil das Reich Gottes endgültig anbrechen wird. In der Gegenwart leben die Menschen freilich in einer Zwischenzeit. Zwischen dem Auslaufen des Alten und dem Anbrechen des Neuen bleibt uns ein winziger Zeitraum. Das ist die Zeit der Krise, der Versuchungen und der Entscheidungen, bei denen alles auf dem Spiel steht. An was soll man sich da klammern? Wie soll man sich richtig vorbereiten? Das ist der geschichtliche Zusammenhang, in dem das Vaterunser steht. Jeder Versuch, den jesuanischen Sinn des Gebets Jesu zu rekonstruieren, muß von dem Erlebnis der drängenden Zeit ausgehen. Wir wollen nun detaillierter die Gelegenheit, bei der es verkündet wurde, seine Historizität und seine Struktur untersuchen.[9]

Göttingen ²1900; *A. Schweitzer*, Geschichte der Leben-Jesu-Forschung (1906), 2 Bde., Hamburg 1966, bes. 2. Bd., 402—451. 620—630. In der Diskussion um das Vaterunser machten sich der Katholik O. Kuss und der Protestant E. Lohmeyer (vgl. die Bibliographie weiter unten) diese Position konsequent zu eigen.

[9] In unserer Studie verwenden wir im wesentlichen die folgende Literatur: O. *Dibelius*, Das Vaterunser. Umrisse zu einer Geschichte des Gebets in der Alten und Mittleren Kirche, Gießen 1903; *E. Lohmeyer*, Das Vater-unser, Zürich 1952; *J. Jeremias*, Abba. Studien zur neutestamentlichen Theologie und Zeitgeschichte, Göttingen 1966, bes. 15—67; *ders.*, Das Vater-Unser im Lichte der neueren Forschung, Stuttgart ⁴1967; *O. Kuss*, Das Vater-unser, in: Auslegung und Verkündigung II, Regensburg 1966, 277—333; *A. Hamman*, La prière du Seigneur, in: La Prière I, Tournai 1959, 94—134; *W. Marchel*, Abba, Père, Paris 1966 (deutsch: Abba, Vater!, Düsseldorf 1963); *H. van den Bussche*, Le notre Père, Brüssel 1960 (deutsch: Das Vaterunser, Mainz 1963); *Th. Soiron*, Die Bergpredigt Jesu, Freiburg 1941, 314—370; *L. Sabourin*, Il vangelo di Matteo, Rom 1976, 425

Das Vaterunser ist in zwei Fassungen überliefert, in einer längeren bei Matthäus (6,9—13) und in einer kürzeren bei Lukas (11,2—4). Hier eine Gegenüberstellung:

Matthäus	*Lukas*
Unser Vater im Himmel,	Vater,
dein Name werde geheiligt,	dein Name werde geheiligt
dein Reich komme,	Dein Reich komme.
dein Wille geschehe	
wie im Himmel, so auf der Erde.	
Gib uns heute das Brot, das wir brauchen.	Gib uns täglich das Brot, das wir brauchen.
Und erlaß uns unsere Schulden,	Und erlaß uns unsere Sünden;
wie auch wir sie unseren Schuldnern erlassen haben.	denn auch wir erlassen jedem, was er uns schuldig ist.
Und führe uns nicht in Versuchung,	Und führe uns nicht in Versuchung.
sondern rette uns vor dem Bösen.	

Warum wurde in den Jahren 75 bis 85, als die zwei Evangelien redigiert würden, das Vaterunser in zwei Fassungen festgehalten? Hat Jesus etwa bei unterschiedlichen Gelegenheiten zwei verschiedene Versionen verwendet? Fachleute[10] behaupten, die Evangelisten hätten uns jeweils die Form überliefert, die sie in ihren Gemeinden vorfanden. Historisch gesehen haben wir es in der vorliegenden Form also nicht einfach mit einem Gebet Jesu zu tun, das man vom griechischen Original in die ursprüngliche aramäische Form — Aramäisch war ja die Sprache Jesu — rückübersetzen

---

bis 457. Weitere Titel, die wir benutzen, werden am Ende des Buches angegeben.

[10] O. *Kuss*, Das Vater-unser, a. a. O. 279—280; E. *Lohmeyer*, Das Vater-unser, 14—18, und andere.

könnte.[11] Es handelt sich um ein Gebet Jesu, das von verschiedenen christlichen Gemeinden der frühen Zeit in unterschiedlichen Formen überliefert und jeweils den eigenen Erfordernissen angeglichen wurde, wie das auch die Didache bezeugt.[12] Die Formulierung, in der der historische Jesus gesprochen hat, ist uns unbekannt. Wir besitzen nur die beiden Versionen.

Welche ist die ursprüngliche und erste Fassung? Lukas ist knapper, und seine Version enthält in sich alles, was Matthäus ausführlicher sagt. »Nach allem, was wir über die Gesetzmäßigkeit der Überlieferung liturgischer Texte wissen«, so lehrt uns der bedeutende Bibelwissenschaftler Joachim Jeremias, »hat in einem solchen Fall, in dem die kürzere Fassung in der längeren enthalten ist, die kürzere als die ursprüngliche zu gelten.«[13] Demnach wäre der lukanische Text der ursprüngliche.

Darüber hinaus hilft auch ein Blick auf den Zusammenhang, in dem das Vaterunser bei Matthäus bzw. bei Lukas steht, den Unterschied der Fassungen zu verstehen. Bei beiden handelt es sich um ein Gebet. In Mt 6,6—15, wo sich das Vaterunser findet, haben wir es geradezu mit einer Katechese über das Gebet zu tun, wie sie wahrscheinlich gegenüber Neugetauften benutzt wurde (man soll weder so auffällig, wie die Pharisäer, noch mit vielen Worten, wie die Heiden, beten; wenn man Vergebung möchte, muß man auch selbst verge-

---

[11] Vgl. die Rückübersetzung von *J. Jeremias,* Neutestamentliche Theologie, Erster Teil: Die Verkündigung Jesu, Gütersloh ²1973, 191.

[12] Nach Didache 8,2 sollen die Christen dreimal täglich das Vaterunser beten. *J. Audet,* La Didachè. Instructions des Apôtres, Paris 1958, datiert die Didache zwischen 50 und 70 n. Chr.

[13] *J. Jeremias,* Das Vater-Unser, 12.

ben). Auch bei Lk 11,1—13 haben wir es mit einer Katechese zu tun, aber mit einer Katechese anderer Art. Während sich Matthäus an Juden wendet, die schon beten können und nur noch lernen müssen, wie man richtig betet, wendet sich Lukas an Heiden, die nicht beten und erst noch ins Gebet eingeführt werden müssen. Deshalb klingt das Gebet bei Matthäus liturgischer und ist länger, während es bei Lukas kürzer ist und sich auf das Wesentliche beschränkt. In beiden Fällen haben wir es mit einem poetischen Gebilde mit Rhythmus und Reim zu tun, das laut von der Gemeinde gesprochen sein will. Die übrigen Unterschiede sollen besprochen werden, wenn wir die jeweiligen Strophen kommentieren.

Die Wurzeln des Vaterunsers sind eindeutig jüdisch, obgleich das Gebet Jesu — im Vergleich zum Schemoneh-Esreh (dem Achtzehngebet, das in Wirklichkeit aber neunzehn Lobsprüche enthält), zum Kaddisch (Schlußgebet von Festen) und zu verschiedenen Formen rabbinischer Gebete[14] — äußerst formal und trocken ist und auf jeden rhetorischen Schmuck verzichtet.

Die lukanische Fassung läßt ahnen, wie das Vaterunser entstanden ist: »Einmal betete Jesus an einem Ort, und als er das Gebet beendet hatte, sagte einer seiner Jünger zu ihm: Herr, lehre uns beten, wie schon Johannes seine

---

[14] Vgl. die von *A. Hamman*, La Prière I, 98—99, nachgewiesenen Parallelen. Das Schemoneh-Esreh ist für die Juden das Gebet par excellence. Ein Großteil der 18 Segenssprüche datiert aus der ersten Hälfte des ersten Jahrhunderts, während der Rest sogar aus der Zeit vor der Zeitenwende stammen kann. Zur Endredaktion sei es unter Gamaliel II. in den neunziger Jahren gekommen: *P. Billerbeck*, Kommentar zum Neuen Testament aus Talmud und Midrasch, München 1922—1928, IV, 208—249; vgl. I, 407. Das Kaddisch soll gegen 600 n. Chr. entstanden sein.

Jünger beten gelehrt hat! Da sagte er zu ihnen: Wenn ihr betet, so sprecht: Vater ...« (Lk 11,1—2). Die Anspielung auf Johannes deutet auf den geschichtlichen Hintergrund der Erzählung hin. Die Bitte »Lehre uns beten!« kommt der Aufforderung gleich: »Gib uns eine Zusammenfassung deiner Botschaft.« Bekanntlich unterschieden sich zur Zeit Jesu die verschiedenen Gruppen durch die besondere Form ihres Betens.[15] Das Gebet hatte die Funktion eines *Glaubensbekenntnisses*, das der Gruppe Einheit und Identität verlieh. So empfand sich die Jesusgruppe wirklich als Glied einer eschatologischen Gemeinschaft, die Jesus geschaffen hatte.[16] Deshalb kann man sagen, das Gebet Jesu sei die Quintessenz seines Anliegens und seiner Sendung. Hier ist ja die Rede vom Vater, den der historische Jesus in einer ganz persönlichen Weise als Abba anruft, vom Kommen des Reiches, von der göttlichen Vorsehung, die sich um die wesentlichen Dinge des biologischen Lebens (Brot) und des sozialen Lebens (Vergebung als Überwindung von Brüchen) sorgt, von der großen Krise und von der Versuchung.

Die matthäische Fassung verdeutlicht besser, daß das Vaterunser die Gebetsform darstellt, die Jesus im Unterschied zu anderen Gebetsformen will. Das Gebet seiner Jünger soll sich einfügen in den Zusammenhang anderer Frömmigkeitsübungen, wie Almosengeben (Mt 6,1—4) und Fasten (Mt 6,16—18).

Wenn man die Struktur des Vaterunsers betrachtet, fallen einem sogleich zwei sich kreuzende Bewegungen auf. Die eine steigt zum Himmel auf: der Vater, seine

---

[15] *J. Jeremias*, Das Vater-Unser, 16.
[16] Vgl. *E. Lohmeyer*, Das Vater-unser, 13; *O. Kuss*, Das Vater-unser, 280.

Heiligkeit, sein Reich und sein Wille. Die andere wendet sich der Erde zu: Brot, Vergebung, Versuchung, das Böse. Zum Himmel richten wir Anrufungen (drei), wegen der Erde formulieren wir Bitten (drei). Man kann auch sagen, wir hätten es hier mit den zwei Augen des Glaubens zu tun. Mit dem einen schauen wir auf Gott und betrachten sein Licht. Das andere wendet sich der Erde zu, und hier stoßen wir auf das Drama der Finsternis. Auf der einen Seite spüren wir die Kraft des inneren Menschen (den Geist), der nach oben strebt (zu Gott), und auf der anderen Seite erfahren wir die Last des äußeren Menschen (das Fleisch), der sich nach unten beugt (zur Erde).

Die ganze Wirklichkeit mit all ihren Licht- und Schattenseiten ist vor Gott ausgebreitet. Sowohl das grenzenlose Verlangen nach den Himmeln (unser Vater, der du in den Himmeln bist ...) als auch die irdischen Wurzeln (unser tägliches Brot) in der Welt werden Gott zum Opfer angeboten.

Bekanntlich gehörte in der Urkirche das Vaterunser zur Arkandisziplin. Es war denen vorbehalten, die schon in das christliche Geheimnis eingeführt waren. So erklären sich die Ehrfurcht und Respekt ausdrückenden Einleitungsformeln, die bis vor kurzem in der Kirche im Gebrauch waren: »Durch heilbringende Anordnung gemahnt und durch göttliche Belehrung angeleitet, wagen wir zu sprechen: Vater unser ...« (Römisches Meßbuch vor der Reform des Zweiten Vatikanischen Konzils). Das hat seinen Grund darin, daß wir beim Vaterunser vor dem Geheimnis Jesu stehen, das er seinen Aposteln mitgeteilt hat. Man kann das Gebet, das Jesus uns selbst gelehrt hat, nicht irgendwie und ganz beliebig beten. Voraussetzung dafür ist, daß man das ganze Drama dieser Welt wahrnimmt. Wenn wir am Leiden der Welt mitleiden, verspricht es uns Befreiung. Das Vaterunser fordert in der Tat einen Akt des Glaubens, der Hoffnung und der Liebe. Wenn wir es beten, bekennen wir, wie schon Tertullian festgestellt hat,[17] den Glauben an Gott als unseren Vater, obwohl dieser Gott schweigt, sich in der Ferne des Himmels verbirgt und obwohl das Leid in der Welt kein Ende nehmen will. Er ist der gütige Vater. Wenn wir auf die Welt blicken, sehen wir ihn nirgends, aber wir glauben an ihn. Das Vaterunser ist ein Akt der Hoffnung: Dein Reich komme, und dein Wille geschehe immer! Wir hoffen fest darauf, daß der Vater alle Tränen trocknen und die Strukturen seiner Schöpfung verändern wird. Dann, und erst dann wird der Schalom Gottes und der Menschen erstrahlen. Das Vaterunser ist ein Akt der Liebe. Wir sagen nicht einfach Vater, sondern *unser* Vater. Diese Worte sind Ausdruck der Wärme und der liebenden Vertrautheit. Abba, sagt Jesus, das heißt: Papa, lieber Vater!

Aus uns selbst hätten wir vielleicht nicht den Mut dazu, Gott unseren lieben Vater zu nennen. Aber der Geist Jesu, der in unsere Herzen gegossen wurde, betet für uns: Abba, Vater (vgl. Gal 4,6; Röm 8,15). Weil wir uns als Söhne im Sohn fühlen, weil wir zusammen mit ihm die endzeitliche brüderliche Gemeinde bilden und weil der Geist uns treibt, deshalb beten wir: Unser Vater.

---

[17] De oratione, PL 1, 1153.

III. Vater unser im Himmel

»Vater,
steige vom Himmel herab.
Ich habe die Gebete vergessen, die meine Großmutter
mich gelehrt hat.
Die Arme, jetzt ruht sie aus
und braucht nicht mehr zu waschen, zu putzen,
sich den ganzen Tag mit der Wäsche zu plagen.
Jetzt braucht sie sich nicht mehr die Nacht über müh-
sam wachzuhalten,
zu beten, dich um alles zu bitten und ergeben zu
seufzen.

Steige vom Himmel herab, wenn du da oben bist, komm
herunter!
Ich steh' hier an der Ecke und bin am Verhungern.
Wozu war das eigentlich gut, daß ich auf die Welt kam?
Sieh dir meine geschwollenen Hände an.
Niemand hat Arbeit für mich, niemand,
komm ein Stückchen 'runter und guck dir
das an, was ich bin: die durchgelaufenen Schuhe,
die Angst, der leere Magen,
die Stadt, die kein Brot für meine Zähne hat, das
Fieber,
das mir das Fleisch aushöhlt —
so schlafen zu müssen,
im Regen, von der Kälte gequält, verfolgt.

Ich sage dir doch, daß ich es nicht verstehe, Vater, komm
   herunter,
rühr an meine Seele,
sieh mein Herz an.
Ich habe nichts gestohlen, niemand umgebracht.
Ein Kind war ich,
aber sie schlagen und stoßen mich.
Ich sage dir noch einmal, daß ich es nicht verstehe,
   Vater,
nun komm doch 'runter, wenn du da oben bist.
Ich möchte aufgeben, aber es geht nicht.
Ich krieg' die Wut,
ich werde eine Schlägerei anfangen
und schreien, bis mir das Blut in den Hals steigt.

Ich kann einfach nicht mehr.
Hab' ich denn keinen Grips und bin kein Mensch mehr?
Komm 'runter!
Was haben sie aus deinem Geschöpf gemacht, Vater?
Ein wütendes Tier,
das die Pflastersteine dieser Straße frißt?«

> *Juan Gelman* (zeitgenössischer argentinischer
> Dichter), Gebet eines Arbeitslosen.

In der einleitenden Überlegung soll versucht werden,
die existentielle Atmosphäre spürbar zu machen, aus
der das Gebet Jesu entstand. Zugrunde liegt ihm die
leidvolle Erfahrung des Paradoxons dieser Welt: Die
gute Schöpfung Gottes wird von dem Diabolischen beherrscht, das unser Leben bedrängt und unsere Hoffnung bedroht. Das Reich Gottes bedeutet die Umkehrung dieser Lage. Deshalb erstrahlt mitten in der Fin-

sternis ein befreiendes Licht: Das Reich Gottes ist nahe und bricht in unserer Mitte an!

Eine große Krise bahnt sich an, und die endgültige Entscheidung steht unmittelbar bevor. In dieser Bedrängnis und in der schmerzvollen Passion der Welt lehrt uns Jesus zu beten: Vater unser im Himmel.

Wenn man die verirrte und verwirrte Lage dieser Welt betrachtet, ist nichts weniger einleuchtend, als daß Gott ein lieber Vater (Abba) ist. So bedarf es des Glaubens, der Hoffnung und der Liebe, um der Versuchung von Skepsis und Auflehnung zu widerstehen und mit Jesus zu wiederholen: Vater unser. Wenn er es uns nicht selbst gelehrt und uns nicht gebeten hätte, es wirklich zu beten, dann hätten wir es gewiß nie gewagt, jetzt voller Vertrauen und Zutrauen zu rufen: Lieber Vater! Trotz aller Widersprüche beten und leben wir Tag für Tag das Vaterunser. Sind wir doch Erben des unerschöpflichen Reichtums der Hoffnung Jesu, obgleich ja allem Anschein nach alles dagegen spricht. Zwar wird wegen unserer Kühnheit und Hoffnung die Finsternis nicht heller, wohl aber weniger absurd. Die Gefahren sind nicht beseitigt, aber unser Mut ist gestärkt.

Unsere Überlegungen möchten wir auf zwei Ebenen entwickeln. Zuerst werden wir uns bemühen, in Mentalität und Erfahrung Jesu einzudringen.[1] Danach wer-

---

[1] Vgl. die wichtigste Literatur zu diesem Thema: *J. Jeremias*, Abba. Studien zur neutestamentlichen Theologie und Zeitgeschichte, Göttingen 1966, 15—66; *ders.*, Das Vater-Unser im Lichte der neueren Forschung, Stuttgart ⁴1967; *ders.*, Neutestamentliche Theologie I. Die Verkündigung Jesu, Gütersloh ²1973, 67—73; *E. Lohmeyer*, Das Vater-unser, Zürich 1952, 18—40; *O. Kuss*, Das Vater-unser, in: Auslegung und Verkündigung II, Regensburg 1967, 314—318; *A. Hamman*, La Prière I, Paris/

den wir versuchen, das Vaterunser unter der Last der
Bedrückung zu beten, die auf den Menschen unserer
Zeit liegt und sie traurig macht.

1. Die Universalität der Erfahrung Gottes
als Vater

Das Vaterunser wie auch das Zentralthema der Verkündigung Jesu, das Reich Gottes, hat Wurzeln, die
bis ins Universale hineinreichen und an die urtümlich-
sten Schichten unserer inneren Archäologie rühren. In
Jesus sind das Alte und das Neue gegenwärtig. Einerseits nimmt er das Universal-Menschliche auf und führt
es zur höchsten Vollendung, anderseits offenbart er
aber auch eine besondere Ursprünglichkeit. Wenn er
lieber Vater sagt, dann enthält dieses Wort für uns
einen der ältesten Archetypen der menschlichen Erfahrung aller Zeiten. Zugleich wird darin aber auch die
einzigartige und unmittelbare Beziehung sichtbar, die
Jesus zu Gott hatte. Zur besseren Klarheit unterscheiden wir in unserer Untersuchung drei Bedeutungen bei
dem Ausdruck Vater: Bezeichnung, Erklärung und Anrufung.[2]

Tournai 1959, 102—104; *W. Marchel*, Dieu-Père dans le Nou-
veau Testament, Paris 1966; *ders.*, Abba, Père. La prière du
Christ et des chrétiens, Rom 1963, 101—177; *A. Mérad/A. Abé-
cassis / D. Pézeril*, N'avons-nous pas le même Père?, Le Chalet
1972, 111—129; *F. J. Schierse*, Der Vater Jesu, in: J. Feiner /
M. Löhrer (Hrsg.), Mysterium Salutis II, Einsiedeln/Zürich/
Köln 1967, 93 f.
[2] Vgl. *P. Ricoeur*, Die Vatergestalt — vom Phantasiebild zum
Symbol, in: ders., Hermeneutik und Psychoanalyse. Der Konflikt der Interpretationen II, München 1974, 315—393; *W. Marchel*, Dieu-Père, 33 f.

Zu den Selbstverständlichkeiten jeder echten, auch jeder unthematischen religiösen Erfahrung gehört die Annahme, daß zwischen dem Menschen und der Gottheit ein Verwandtschaftsverhältnis herrscht. Der religiöse Mensch empfindet sich als Abbild und Ebenbild seines Gottes. Überrascht entdeckt er, daß er Kind seines Gottes ist und ruft ihn als Vater oder als Mutter an.[3] Alle Völker, angefangen mit den primitivsten wie den Pygmäen, den Eingeborenen Australiens und den Bantu, bis hin zu den entwickeltsten wie den Ägyptern, Assyrern, Indern, Griechen und Römern, bezeichneten Gott als Vater.[4] Der Begriff soll die völlige Abhängigkeit von Gott ausdrücken, gleichzeitig aber auch die unantastbare Hochschätzung für ihn und das grenzenlose Vertrauen in ihn. Der Mensch dankt der Gottheit für sein Leben und fühlt sich in einem Verhältnis zu ihr wie das Kind zu seiner Mutter oder seinem Vater oder wie ein junger Mensch zu einem älteren. Ganz ursprünglich stand der Ausdruck Vater noch nicht in Verbindung mit der Realität von Zeugung und Erziehung, die der Begriff ›Familie‹ — als materielle Grundlage für das Bild — ja voraussetzt. In einer noch primitiveren Gesellschaftsform, in der Gruppen von Älteren Gruppen

---

[3] Siehe *Gregor von Nyssa* († 394), De dominica oratione (PG 44, 1136—1148); deutsch: Des heiligen Bischofs Gregor von Nyssa Schriften (Bibliothek der Kirchenväter [BKV], Bd. 56), München 1927, 106: »Wer nur irgendwie zu denken imstande ist, wird sich, wenn er nicht die nämlichen Eigenschaften wie an ihm so auch an sich selbst sieht, niemals erkühnen, jenes Wort Gott gegenüber auszusprechen und ihn Vater zu nennen.«

[4] Vgl. die zahlreichen Beispiele in den klassischen Werken: *F. Heiler*, Das Gebet, München/Basel 1969, 120—121. 140—143; *G. van der Leeuw*, Phänomenologie der Religion, Tübingen 1956, § 20, 195—201; *H. Tellenbach* (Hrsg.), Das Vaterbild in Mythos und Geschichte, Stuttgart/Berlin 1976.

von Jüngeren gegenüberstanden, brachte ›Vater‹ Autorität, Machtfülle und Weisheit der Alten zum Ausdruck. ›Vater‹ war also eine Bezeichnung und ein Ehrentitel. Später nimmt das Wort die Bedeutung von ›Schöpfer und Erzeuger aller Dinge‹ an. So sprachen die Römer von Jupiter und anderen Göttern (Mars, Saturn) als von *pater, parens* und *genitor*.[5] Deshalb tritt er als Herr und universaler König auf. Homer kann in der Ilias von dem höchsten Gott der Griechen sagen: »Vater Zeus, man sagt ja, du seist erhaben an Weisheit über Menschen und Götter.«[6] Aristoteles führt in seiner ›Politik‹ aus, daß die Macht des Vaters über seine Kinder der eines Königs entspricht.[7]

Die Bezeichnung ›Vater‹ beruht demnach auf zwei Merkmalen: auf der Zeugung und Schöpfung und auf dem Prinzip von Autorität und Herrschaft, einem Prinzip ohne Böses und Schrecken, aber voller Herzlichkeit und Güte. So wird ein berühmter sumerisch-babylonischer Hymnus aus Ur verständlich, in dem der Mondgott Nanna angerufen wird als »Gnädiger Vater, der das Leben des ganzen Landes in seine Hand genommen hat«. Und von Marduk heißt es: »... dessen Zürnen ein Flutsturm ist, dessen Besänftigtwerden (aber) ein barmherziger Vater«.[8] Hier werden dieselben göttlichen Eigenschaften genannt, die auch der biblische Mensch erfährt: Gott Vater als absolute Autorität und unendliche Güte.

Im Hinblick auf Israel und sein Verhältnis zu Gott

---

[5] Vgl. *A. Hamman*, La Prière I, 82.
[6] Ilias XIII, 631; vgl. IV, 235; V, 33; Odyssee XIII, 128; XX, 112.
[7] Politik I, 12.
[8] *J. Jeremias*, Abba, 15; ders.; Das Vater-Unser, 17.

als Vater gibt es jedoch einige besondere Probleme. Das Alte Testament geht erst allmählich dazu über, Gott als Vater darzustellen. Eine Grundschwierigkeit erklärt den seltenen Gebrauch des Namens ›Vater‹, der nur fünfzehnmal für Jahwe verwendet wird.[9] Die Autoren der Bibel polemisieren dauernd gegen das Menschenbild der Völker im Vorderen Orient, nach dem der Mensch seinen Ursprung einer Göttin oder dem Blut eines aus dem Himmel vertriebenen oder getöteten Gottes verdanke; deshalb sei der Mensch göttlich. Der biblische Glaube kann eine solche theologische Anthropologie nicht übernehmen, weil sie Gott und Mensch in unzulässiger Weise miteinander vermengt, weil sie das vergöttlicht, was nicht vergöttlicht werden darf (das Geschöpf), und das profaniert, was nicht profaniert werden darf (Gott). Deshalb vermeiden die Autoren der Bibel, wo sie nur können, die Beziehung Vater — Kind, wenn sie das Verhältnis zwischen Gott und Mensch beschreiben.[10] Dennoch taucht aus dem Hintergrund der besonderen Erfahrung, die der Mensch des Alten Testaments mit Gott macht, die Gestalt Gottes als Vater auf. Die Grunderfahrung ist die, daß Gott den Zug seines Volkes durch die Wüste mitmacht und die Väter nicht allein läßt (Bedeutung von ›Jahwe‹). Deshalb wird er

---

[9] Dtn 32,6; 2 Sam 7,14; 1 Chr 17,13; 22,10; 28,6; Ps 68,6; 89,27; Jes 63,16 (zweimal); 64,7; Jer 3,4.19; 31,9; Mal 1,6; 2,10. An folgenden Stellen wird Gott mit einem irdischen Vater verglichen: Dtn 1,31; 9,5; Ps 103,13; Spr 3,12. Die Vorstellung, Gott sei Vater, hat sich in vielen israelitischen Personennamen erhalten: Abi-ram (Mein Vater ist erhaben); Abi-ezer (Mein Vater ist Hilfe); Abi-jah (Mein Vater ist Jahwe); Abi-tub (Mein Vater ist Güte); vgl. *A. Gelin*, Les idées maîtresses de l'Ancien Testament, Paris 1950, 25.

[10] Vgl. *C. Th. Vriezen*, Theologie des Alten Testaments in Grundrissen, Neukirchen o. J., 118—122.

als der ›Gott unserer Väter‹, Abrahams, Isaaks und Jakobs, dargestellt. Es ist Gott, der einen Bund mit seinem Volk schließt und ihm das Gesetz als Zeichen des Bündnisses und des Weges der Heiligkeit gibt. Es ist ein Gott, der sich — was für die vergleichende Religionsgeschichte ganz neu und einmalig ist — mit einem Namen vorstellt, mit einem Begriff ohne inhaltliche Festlegung: »Ich bin, der ich bin«. Das ist der wahre Name Gottes, der freilich nicht die Phantasie anregt, weder zum Träumen verleitet noch Symbole enthält und der sich deshalb von vornherein jeder Versuchung von Anthropomorphismus und Idolatrie widersetzt. »Wenn sie mich aber fragen: Wie heißt er?, was soll ich den Israeliten dann sagen?« Gott antwortet Mose: »Der ›Ich-bin-der-ich-bin‹ hat mich zu euch gesandt« (Ex 3,13—14). Halten wir also fest, daß Gott zunächst nicht als Vater erfahren wurde.

Jedoch: Die Erfahrung, die Israel macht, daß Jahwe es aus den anderen Völkern auswählt, aus Ägypten befreit und sich dadurch als Eigentum erwirbt, erlaubt es ihm, Gott als Vater zu bezeichnen. Aber noch handelt es sich um eine Bezeichnung, die lediglich sagt, daß das Volk zu einem Volk geschaffen wurde. Im Exodus sagt Gott selbst: »Israel ist mein erstgeborener Sohn« (4,22). Israel anerkennt, daß es seine Existenz als Volk Gott schuldet: »Ist Jahwe nicht dein Vater, dein Schöpfer? Hat er dich nicht geformt und hingestellt?« (Dtn 32,6; Num 11,12; Jes 63,16; 64,7; Mal 2,10).

Die einfache Benennung Gottes als Vater wird nun von den Propheten vertieft. Sie entwickeln ein radikales ethisches Empfinden. Wenn Gott Vater ist, dann müssen wir uns wie folgsame und gehorsame Kinder verhalten. Aber die Wirklichkeit sieht ganz anders aus.

Deshalb offenbart sich Gott im Wort der Propheten selbst als Vater: »Der Sohn ehrt seinen Vater, und der Knecht fürchtet seinen Herrn. Wenn ich aber der Vater bin — wo bleibt da die Ehrerbietung? Wenn ich der Herr bin — wo bleibt dann die Furcht vor mir? So spricht der Herr der Heere zu euch« (Mal 1,6). Dieselbe Klage ist noch einmal bei Jeremia zu hören: »Hast du mir nicht zugerufen: Mein Vater, der Freund meiner Jugend bist du? Doch bist du frech wie eine Dirne« (Jer 3,4.3). Und der Prophet versucht, die Gefühle Gottes wiederzugeben: »Ich hatte gedacht, ja, ich will dich unter die Söhne aufnehmen und dir ein liebliches Land geben, das herrlichste Erbteil unter den Völkern. Ich dachte, du würdest mich Vater nennen und dich nicht von mir abwenden. Doch wie eine Frau ihres Freundes wegen treulos wird, so seid auch ihr mir untreu geworden, Haus Israel. Spruch des Herrn« (Jer 3,19—20).

Das Volk bereut seine Taten. Der Prophet spricht im Namen des Volkes, das seine Taten bereut, und bezeichnet Gott ausdrücklich als mitleidvollen Vater: »Blick vom Himmel herab und sieh her von deiner heiligen, herrlichen Wohnung! Wo ist dein leidenschaftlicher Eifer und deine Macht, dein großes Mitleid und dein Erbarmen? Halte dich nicht von uns fern. Denn du bist unser Vater. Abraham weiß nichts von uns, Israel will uns nicht kennen. Aber du, Herr, bist unser Vater. ›Unser Erlöser von jeher‹ wirst du genannt« (Jes 63,15—16; 64,7; Jer 3,4). Jeremia verkündet im Namen Gottes, daß der Vater zur Vergebung bereit ist: »Ist Efraim mir denn nicht ein teurer Sohn, mein Lieblingskind? Denn sooft ich ihm auch Vorwürfe mache, muß ich doch immer wieder an ihn denken. Ja, für ihn schlägt mein Herz, ich muß mich seiner erbarmen. — Wort des Herrn« (Jer 31,20). Es dürfte deutlich geworden sein, daß die väterliche Beziehung Gottes zu seinem Volk vertraut und innig ist. Deshalb kann ihn das Alte Testament nicht nur als Vater, sondern auch als Mutter beschreiben (Jes 49,15; 66,13). Der Mensch fühlt sich im Haus des Vaters geborgen: »Als Israel jung war, gewann ich es lieb, ich rief meinen Sohn aus Ägypten« (Hos 11,1).

Trotz all diesen bewegenden Texten[11] ist der Name Vater für Gott im Alten Testament nicht entscheidend. Er ist nur eine Bezeichnung unter vielen, die häufiger und wichtiger sind, wie Herr, König, Richter und Schöpfer. Im allgemeinen begegnet sie als Beifügung zu ›Herr‹ oder zu anderen Namen Gottes. Dabei geht es vor allem um die Beziehung des ganzen Volkes und nicht so sehr des einzelnen zu Gott. Nirgends findet sich in einem Gebet die Anrufung ›Gott, mein (unser) Vater‹.[12] Der Sprachgebrauch ist stets indirekt, wie ein Versprechen, das eines Tages in Erfüllung geht. »Er wird zu mir rufen: Mein Vater bist du, mein Gott, der Fels meines Heiles« (Ps 89,27). Jesus von Nazaret

[11] Vgl. auch Jes 64,7: »Du bist doch, Herr, unser Vater. Wir sind der Ton, und du bist der Töpfer, wir alle sind das Werk deiner Hände.«

[12] *Origenes* stellt fest: »Es wäre der Mühe wert, das sogenannte Alte Testament sorgfältiger daraufhin zu betrachten, ob sich wohl in ihm irgendwo ein Gebet finden läßt, in dem der Betende Gott als ›Vater‹ bezeichnet; denn für jetzt haben wir nach Kräften danach gesucht, aber keines gefunden« (De oratione [PG 11, 415—562]; deutsch: Des Origenes Schriften vom Gebet und Ermahnung zum Martyrium [BKV, Bd. 48], München 1926, 72). Bei *J. Jeremias*, Abba, 19—33, findet sich ein ausführlicher Beleg für diese Feststellung, und zwar nicht nur im Blick auf das Alte Testament, sondern auch für das Frühjudentum.

war es vorbehalten, dieses Neue einzuführen und dadurch das religiöse Selbstverständnis des Menschen unendlich zu vertiefen, der sich als Kind entdeckt, indem er Gott als Vater erfährt.

2. Die Ursprünglichkeit der Erfahrung Jesu: Abba

Die Anrufung Gottes als *Abba*, als lieber Vater, ist eines der gesichertsten Merkmale des historischen Jesus. *Abba* gehört zu der häuslichen und kindlichen Sprache, ist eine liebevolle Verkleinerungsform und wird auch von Erwachsenen gegenüber ihren Vätern oder gegenüber ehrwürdigen alten Menschen benutzt.[13] Niemandem wäre es in den Sinn gekommen, dieses alltägliche und banale Wort für Gott zu verwenden. Es hätte das Gefühl der Achtung vor Jahwe verletzt und wäre den Frommen ein Ärgernis gewesen. Doch wendet sich Jesus in allen Gebeten, die uns überliefert sind, mit diesem Ausdruck, den man vielleicht mit *lieber Papa* verdeutschen kann, an Gott. 170mal legen die Verfasser der Evangelien Jesus dieses Wort in den Mund (Mk: viermal; Lk: 15mal; Mt: 42mal; Joh: 109mal). An drei Stellen überliefert uns das Neue Testament sogar die aramäische Urform, um dadurch die ungewöhnliche Kühnheit Jesu festzuhalten (Mk 14,36; Röm 8,15; Gal 4,6).

Abba schließt in sich das Geheimnis des innigen Verhältnisses, das Jesus zu seinem Gott und zu seiner Sendung im Namen Gottes hat. »Jesus hat ... so mit

---

[13] Vgl. die Belege bei *J. Jeremias*, Abba, 62—63; siehe auch: *ders.*, Neutestamentliche Theologie I, 72; *ders.*, Das Vater-Unser, 18 f.

Gott geredet, wie das Kleinkind mit seinem Vater, so schlicht, so innig, so geborgen, so kindlich.«[14] Selbstverständlich kennt Jesus auch die anderen Gottesnamen der Tradition seines Volkes. Er nimmt ihnen nichts von ihrem Ernst, wie sich in zahlreichen Gleichnissen zeigt, in denen er Gott als König, Herr, Richter und Rächer beschreibt. Aber all diese Bezeichnungen stehen unter dem großen Regenbogen der unermeßlichen Güte und Wärme Gottes, des *lieben Vaters*. Alle anderen Bezeichnungen sind nur Beiwörter. ›Vater‹ ist der eigentliche Name Gottes. Dies wurde Jesus von Gott selbst geoffenbart: »Mir ist von meinem Vater alles übergeben worden; niemand kennt den Sohn, nur der Vater, und niemand kennt den Vater, nur der Sohn und der, dem es der Sohn offenbaren will« (Mt 11,27). Endlich wird die eschatologische Verheißung erfüllt, die Jahwe seinem Volk gab und die in dem Mose mitgeteilten Tetragramm enthalten war: »Darum soll mein Volk an jenem Tag meinen Namen erkennen und wissen, daß ich es bin, der sagt: ›Ich bin da‹« (Jes 52,6).[15] Der Name Jahwe bedeutet Ich-bin-da (ich bin der, der euch begleitet). Was das wirklich bedeutet, wird jetzt erkennbar, da Jesus Gott als *lieben Vater* anruft. Abba besagt also: Gott ist mitten unter uns und steht den Seinen mit Barmherzigkeit, Güte und Wärme zur Seite. Wir können uns seiner Fürsorge anvertrauen, wie sich ein Kind frohen Herzens seinem Vater und seiner Mutter anvertraut.
Jesus redet Gott freilich nicht nur als ›mein lieber Vater‹ an, sondern lehrt uns auch, ihn als unseren himm-

[14] Ebd. 19.
[15] Zur Exegese dieser Stellen vgl. *E. Lohmeyer*, Vater-unser, 27—30.

lischen Vater anzurufen, mit demselben Vertrauen, wie er es selbst tut. Und mit dieser kindlichen Hingabe öffnen wir uns die Türen des Reiches: »Wenn ihr nicht werdet wie die Kinder, werdet ihr nicht in das Himmelreich hineinkommen« (Mt 18,3). Jetzt aber ist dieser Vater nicht mehr allein der Vater der Gläubigen, wie im Psalm 103,13 gebetet wird (»Wie sich ein Vater seiner Kinder erbarmt, so erbarmt sich der Herr über alle, die ihn fürchten«), sondern er ist unterschiedslos Vater aller Menschen, der selbst »gegen Undankbare und Böse gütig ist« (Lk 6,35) und »seine Sonne über Böse wie Gute aufgehen und den Regen auf Gerechte wie Ungerechte fallen läßt« (Mt 5,45).

Die Nähe und Unmittelbarkeit zu Gott, die der Ausdruck *Abba* enthält, ist gleichbedeutend mit der Nähe des Reiches Gottes. Deshalb gehört der Vatername Gottes zum Inhalt der Botschaft Jesu, deren zentrales Thema das Reich ist.[16] Beim uneingeschränkten Vertrauen auf die Vorsehung des Vaters und bei der gänzlichen Hingabe an die Sache des Reiches Gottes haben wir es also nicht mit zwei parallelen Themen zu tun. Im Gegenteil: Das Vertrauen, das der Mensch daraus

---

[16] Vgl. *P. Ricoeur*, Die Vatergestalt, a. a. O. 343: »... muß die Kategorie der Vaterschaft von der Kategorie des Reiches aus interpretiert werden. Bis in das Gebet des Herrn hinein bleiben das eschatologische Königtum und die Vaterschaft untrennbar verbunden; das Gebet hebt an mit der Anrufung des Vaters und fährt fort mit den ›Bitten‹, die den Namen, das Reich und den göttlichen Willen meinen und die nur in der Perspektive einer eschatologischen Erfüllung verständlich werden. In dieser Weise gewinnt die Vatergestalt ihren Ort in der Bewegung einer Theologie der Hoffnung. Denn der Vater, den man betend anruft, ist identisch mit dem Gott der Verkündigung jenes Reiches, zu dem man nur Zugang erhält, wenn man wie ein Kind darum bittet.«

schöpft, daß er sich in der Hand des Vaters geborgen weiß, befreit ihn von den Sorgen dieser Welt, so daß er sich um das einzig Notwendige kümmert, um das Reich Gottes (Lk 12,30). Die Vorstellung des fürsorglichen Vaters (Mt 6,31 f: »Macht euch also keine Sorgen und fragt nicht: Was sollen wir essen? Was sollen wir trinken? Was sollen wir anziehen? ... Euer himmlischer Vater weiß, daß ihr dies alles braucht«) ist in die umfassendere Kategorie des Gottesreiches eingebettet, das unmittelbar bevorsteht und in der Botschaft, den Taten und der Person Jesu schon angebrochen ist: »Sucht zunächst das Reich Gottes, und alles Weitere wird euch dann hinzugegeben werden« (Lk 12,31). Die Güte des Vaters wird jetzt voll und ganz offenbar. Sie bezieht sich nicht nur auf die Schöpfung (Mt 10,29—30: »Verkauft man nicht zwei Spatzen für ein paar Pfennige? Und doch fällt keiner von ihnen zur Erde ohne den Willen eures Vaters. Bei euch aber sind sogar die Haare auf dem Kopf alle gezählt«), sondern vor allem auch auf die Geschichte, die jetzt zu ihrer Vollendung gelangt: »Fürchte dich nicht, du kleine Herde: Denn euer Vater hat beschlossen, euch das Reich zu geben!« (Lk 12,32).

3. Gott-Vater: der Nahe und der Ferne

Wenn also der Christ, wie Jesus will, *unser Vater* betet, dann denkt er zunächst nicht an einen Schöpfer oder an ein abgrundtiefes Geheimnis, aus dem alles hervorgeht. Diese Vorstellung fehlt zwar nicht, aber sie ist dennoch nicht der Katalysator der religiösen Erfahrung. Das Neue besteht vielmehr darin, daß wir die Erfahrung wiedererlangen, die Jesus gemacht hat und die uns von den Aposteln überliefert wurde, daß Gott wie ein Vater ist, der sich um seine Kinder sorgt, daß er sensibel ist für unsere Probleme, daß er unsere Leiden sieht und ein Ohr hat für unser Schreien. Der Mensch ist weder eine Nummer noch ein bloßes Teilchen, das in unendlichen, uns erdrückenden Räumen verloren wäre. Der Mensch ist Person, das heißt Objekt der göttlichen Liebe. Gott kennt und behält unsere Namen. Der Sorge dieses Vatergottes kann man sein Leben und seinen Tod anvertrauen, so daß alles, was auch kommen mag, einem zum Guten gereichen wird.

In der Nähe des Vaters fühlt sich der Mensch als Kind. ›Kind‹ bezeichnet dabei nicht so sehr eine kausale Kategorie (nach der das Kind physisch vom Vater abstammt) als vielmehr die Kategorie der personalen Beziehung.[17] Ein Kind ist um so mehr Kind, als es sein Verhältnis zum Vater und sein Vertrauen zu ihm entwickelt. Paulus sagt sehr schön: »Weil ihr aber Söhne seid, sandte Gott den Geist seines Sohnes in unser Herz, den Geist, der ruft: Abba, Vater. Daher bist du nicht mehr Sklave, sondern Sohn; bist du aber Sohn, dann auch Erbe, Erbe durch Gott« (Gal 4,6—7). »Denn ihr habt nicht einen Geist empfangen, der euch zu Sklaven macht, so daß ihr euch immer noch fürchten müßtet, sondern ihr habt den Geist empfangen, der euch zu Söhnen macht, den Geist, in dem wir rufen: Abba, Vater!« (Röm 8,15). Hier also entsteht die neue Gemeinschaft von Brüdern und Schwestern im älteren Bruder, der Jesus ist. Wir alle sind Söhne und Töchter

---

[17] Vgl. *L. Boff,* Erfahrung von Gnade. Entwurf einer Gnadenlehre, aus dem Portugiesischen von H. Goldstein, Düsseldorf 1978, 268—282.

in dem einen Sohn und werden ermutigt, das zu rufen, was auch schon der Sohn Jesus gerufen hat: *Abba!*

Aus der vertikalen Beziehung Sohn—Vater ergibt sich die horizontale Beziehung der Brüderlichkeit, die wir jetzt behandeln wollen. Gemeinsam beten wir: Vater *unser*. Niemand ist eine Insel. Wir alle sind hineingenommen in die messianische Gemeinschaft des Reiches des Vaters. Der Vater Jesu Christi ist nicht nur der Vater einiger, sondern aller Menschen, vor allem jedoch der Kleinen und Armen, in denen er sich verbirgt (Mt 25,36—41), denen er sich aber auch offenbart (Mt 11,25) und die mehr als andere um ihr tägliches Brot bitten.

In der matthäischen Fassung, uns ist sie diejenige, die wir beten, heißt es noch: Vater unser im Himmel. Dieser Zusatz hat mehr als einen Sinn.[18] Zunächst soll das besondere Wesen des Vaters hervorgehoben werden. Er ist weder an heilige Orte noch an eine Rasse gebunden. Seine Gegenwart beschränkt sich weder auf den Tempel noch auf den Sion, noch auf den Sinai, noch auf andere Berge, noch auf die Wüste. Der Vater steht jenseits aller Dinge. Zugleich aber umfaßt er alles, durchdringt alles und bietet seine väterliche Güte allen an. Sodann soll durch die matthäische Hinzufügung die Radikalität der Vaterschaft unterstrichen werden. Der Vater kennt keine Konkurrenten. Weder die Väter des Glaubens, noch die des Volkes, noch die irdischen Väter sind ihm ebenbürtig. Im Gegenteil: Alle Vaterschaft im Himmel und auf der Erde stammt von ihm (Eph 3,14). Der Sohn — Jesus — sagt es ja selbst: »Ihr habt nur einen Vater, den himmlischen« (Mt 23,9).

---

[18] Vgl. *E. Lohmeyer*, Vater-unser, 39—40.

Darüber hinaus ist jedoch noch ein tieferer, theologischer Sinn zu nennen: der Ausdruck *im Himmel* will die Ferne des Vaters hervorheben. Gott ist in der Tat ein naher, mitfühlender und gütiger Vater, aber er ist doch auch ein anderer Vater. Man darf ihn nicht mit einem irdischen Vater verwechseln; denn bei ihm sind nicht einfach die Eigenschaften des leiblichen Vaters verstärkt vorhanden. Zwar steht er auf unserer Seite, und unser Leben und unser Schmerz sind ihm nicht gleichgültig. Dennoch ist er der ganz Andere. Er ›wohnt‹ im Himmel — wobei Himmel ein Symbol ist, und zwar eines der ursprünglichsten der menschlichen Kulturen, für Transzendenz, Grenzenlosigkeit und überhaupt alles, was der Mensch allein mit seinen eigenen Kräften nicht zu erreichen vermag. ›Himmel‹ steht somit als archetypisches Symbol für Gott, den Höchsten, in seiner Herrlichkeit und in seinem unerreichbaren Licht. Gott ist nahe. Deshalb ist er *Vater*. Ja, er ist so nahe, daß er *unser Vater* ist. Aber Gott ist kein Wesen, das den Narzißmus unserer kindlichen Wünsche nach Schutz und Trost um jeden Preis verdeckt. Dieser Vater ermöglicht es uns, uns selbst, unsere Wünsche und Interessen zu vergessen, und will uns in eine Welt von Werten hineinführen, die alles übersteigt, was auf der Erde als gut und böse gilt. Der Zutritt zu Gott, dem Vater, ist nicht leicht, wie es auf den ersten Blick scheinen könnte. Der Weg zu ihm ist im Gegenteil beschwerlich und steil und erfordert Mut. Wie schon gesagt, es bedarf des Glaubens, der Hoffnung und der Liebe. Es geht nicht ohne die Fähigkeit, die Widersprüche dieser Welt zu ertragen und zugleich Abba-Vater zu rufen. Wir kommen nicht daran vorbei, dafür zu kämpfen, daß aus dieser Welt, dem Reich des Satans, das Reich Gottes wird. Nur so können wir glaubwürdig *Vater unser* sagen. Nur ein Gott, der in dieser Weise zugleich nah und fern ist, kann den Menschen helfen, einen Weg für das irdische Leben zu finden, so daß es in den Himmel einmündet und dort zu seinem Höhepunkt findet. Denn der Himmel und nicht die Erde ist die Heimat des Menschen.[19]

Gott und nicht diese Welt mit ihren pharaonischen Bauwerken und historisch bedingten Werten ist Haus und Heimat der menschlichen Identität. Jeder Schutz und jede vertrauensvolle Zuwendung, die die Vateridee bieten mag, die aber dieses Ziel verfehlt, müssen theologisch im Namen des Vaters Jesu Christi und im Namen Jesu selbst zurückgewiesen werden. Die Anrufung *Vater unser im Himmel* enthält im Grunde ein tiefes Glaubensbekenntnis, nämlich daß der nahe und ferne Gott auch der lebendige und wahre Gott ist, der trotz aller Mechanismen von Zerstörung und Tod, denen der Mensch unterworfen ist, schon jetzt sein Reich errichtet, das Liebe, Güte und Brüderlichkeit ist. Mit diesen Überlegungen sind wir schon bei der zweiten Frage angelangt, die wir uns vorgenommen haben: Wie kann man heute, in unserer Situation, die manchmal verfinstert ist, das Vaterunser beten?

---

[19] *Gregor von Nyssa* bietet in seinem Kommentar zum Vaterunser (PG 44, 1136—1148; deutsch: BKV, Bd. 56, 102—112) gute Erläuterungen zum Thema ›Himmel als unsere Heimat‹. Auch *Ambrosius* hat in seinem Kommentar zum Gebet des Herrn (De Sacramentis V, 4 [PL 16, 470]) eine treffende Formulierung: »Der Himmel ist dort, wo es keine Wunde des Todes mehr gibt.«

4. Wie kann man in einer vaterlosen Welt das Vaterunser beten?

Zunächst soll an einige grundlegende Schwierigkeiten erinnert werden, die das Beten des Vaterunsers erschweren. Es scheint vier Hauptschwierigkeiten zu geben: die tiefe Sinnkrise, die Entstehung einer vaterlosen Gesellschaft, die Kritik an der Vaterfigur und ihrer Funktion im religiösen Bereich, die Denker wie Freud und Nietzsche geäußert haben, und schließlich das Bewußtsein der Relativität unserer Kultur, in deren Mittelpunkt die Figur des Vaters steht. Wenn wir diese Hindernisse überwunden haben, dann gewinnen wir wieder den Glaubensraum, in dem das Beten des Vaterunsers seinen vollen befreienden Sinn bekommt.

Zur ersten Schwierigkeit: Es gibt Menschen, die von den schrecklichen Erfahrungen ihres Lebens so geschlagen sind, daß sie allen Glauben und alle Hoffnung verloren haben. Sie sehen keinen Sinn mehr darin, die Augen zum Himmel zu erheben und das Vaterunser zu beten. Es wäre unecht und heuchlerisch. Für sie lebt Gott nicht als Vater. »Fata nos ducunt«, sagten die Alten: Das Schicksal leitet uns, und wir werden von geheimnisvollen Kräften gelenkt. Wieder andere sind ganz im Kampf gegen die Unterdrückung in der Welt engagiert. Aber angesichts der Brutalität des Absurden und der geschichtlichen Gewalt gegen die Würde und Gerechtigkeit des Menschen empfinden sie ein Gefühl der Machtlosigkeit, und sie verlieren den Glauben an die Fähigkeit, den Menschen wieder aufzurichten und zu befreien. Sie sagen: Wir sind dazu verdammt, uns gegenseitig zu verschlingen, wir sind dem Gesetz des Stärkeren unterworfen, obwohl uns Träume von Brüderlichkeit, Freiheit und Gerechtigkeit verfolgen. Zynismus und Hoffnungslosigkeit töten den Glauben. Resignation läßt den Menschen vor Gott verstummen. Er kann an Gott nur noch Fragen richten, aber keine Bitten und Anrufe mehr.

Diese Versuchung ist schrecklich und kann auch religiöse Menschen überfallen. Sie kann nur in dem Maße überwunden werden, in dem es dem Menschen gelingt, die Ebene der religiösen Gefühle zu verlassen und den Weg des Glaubens einzuschlagen. Auch das religiöse Gefühl bildet sich aus dem *Gefühl*, das heißt aus dem Verlangen nach Schutz und aus der Furcht vor Strafe.[20] Es handelt sich um eine archaische Struktur, die mit den Anfängen unseres seelischen und sozialen Lebens in Verbindung steht. Wenn man sie nicht überwindet, kann Gott nur als schützender Vater oder als strafender Richter verstanden werden. Damit wird Gott zwar seine Göttlichkeit nicht genommen, aber er wird zum Werkzeug für die Befriedigung menschlicher Bedürfnisse gemacht. Seine Gestalt und Funktion haben dann teil an den Veränderungen der menschlichen Bedürfnisse. In der Tat gibt es Dinge, vor denen man sich nicht schützen kann. Entweder geht man gegen sie an, oder man erträgt sie. Gott zieht uns nicht aus gefährlichen Wogen, aber er kann uns Mut geben. Wenn unser Gott nur existiert, um uns aus den Wellen zu ziehen, und nicht, um uns in den Wellen Mut zu geben, dann stirbt dieser Gott oder er wird geleugnet. So wie unsere

---

[20] Vgl. die hervorragende Studie von *P. Ricoeur*, Religion, Atheismus, Glaube, in: ders., Hermeneutik und Psychoanalyse. Der Konflikt der Interpretationen II, München 1974, 284—314. Siehe außerdem: *L. Evely*, Padre nuestro, Madrid 1963, 23—48.

Hoffnung stirbt und uns der Sinn des Lebens genommen wird.

Wir sind davon ausgegangen, daß der Vater unseres Herrn Jesus Christus nicht einfach ein beschützender Gott ist. Zwar wendet er sich uns als seinen Kindern liebevoll zu und hat ein offenes Herz für uns. Aber er ist im Himmel und nicht auf der Erde. Dieser Abstand will immer gewahrt sein. Daraus folgt, daß er *unser* Vater nur in dem Maß ist, in dem wir ihn als unseren Vater im Himmel akzeptieren. Deshalb gibt es keinen anderen Weg zu ihm als den des Glaubens, wobei Glaube hier eine Entscheidung in Freiheit ist, aus der ein freies und kein abhängiges Kind-Vater-Verhältnis begründet wird. Dieser Glaube befähigt uns, gleichzeitig mit der Güte des Vaters auch die Verkehrtheit der Welt zu akzeptieren. Jenseits der Erde, im Himmel, findet sich ein Sinn für alles, auch für die Widersprüche, die uns hier und heute das Herz zerreißen und weinen machen. Gott hört trotz aller Not nicht auf, *unser Vater* zu sein. Eine solche Entscheidung in Freiheit geht über das bloße religiöse Gefühl hinaus und eröffnet das Reich des Glaubens. In der Tat stehen wir damit am Übergang von der Unfreiheit des Verlangens nach Schutz in die Freiheit, ohne dieses Verlangen leben zu können. Wir brechen auf zum Exodus aus dem »Wehe euch!« in Richtung auf die Freude des »Selig seid ihr!«

Diesen Glauben fordert das Vaterunser von uns. Jesus hat ihn gelebt. Selbst in der größten Verzweiflung am Kreuz ließ er in seinem Vertrauen auf Gott nicht nach. Trotz Widerspruch, Verfolgung und Verurteilung hielt er treu zu Gott.

Das zweite Hindernis wird in einem Blick auf unsere

Gesellschaft erkennbar. Wir sind, wie einige Soziologen sagen, auf dem Weg zur »vaterlosen Gesellschaft«.[21] Alle heutigen Kulturen sind patriarchalisch und stecken in einer tiefen Krise. Der technologische Fortschritt macht es unmöglich, eine Herrschaft paternalistischer Art beizubehalten. Das Bild des arbeitenden Vaters verliert an Deutlichkeit. Seine berufliche Tätigkeit wird vom Kind immer weniger sichtbar erfahren. Die Entfernung zwischen Wohnungsort und Arbeitsstätte, die gesellschaftliche Arbeitsteilung und seine Lage als Lohnabhängiger zerstören zunehmend seine Autorität. So wird er zu einem Rädchen in der ausgeklügelten Maschinerie der Gesellschaft. Die bestehende gesellschaftliche Ordnung verkörpert sich nicht in einer Person, dem Vater, der Symbol und Garant der öffentlichen Ordnung ist, sondern in Funktionären, die — wenn sie ihre Funktion erfüllt haben — in die Reihen ihrer Brüder zurücktreten. Die patriarchalische Gesellschaft wird ersetzt durch die vaterlose oder durch eine brüderliche Gesellschaft, die anonyme Funktionen erfüllt und durch unpersönliche Kräfte gelenkt wird.[22] Das ist kein Irrweg, es ist das Reifen einer gesellschaftlichen Entwicklung, die am Anfang einer neuen Epoche der Menschheit steht. Es geht also darum, von dem Vater Abschied zu nehmen, ohne ihn zu hassen.

Wenn das so ist, welchen Sinn kann es dann haben,

[21] Die Formulierung ist dem Titel eines berühmten Buches von A. Mitscherlich entlehnt: Auf dem Weg zur vaterlosen Gesellschaft, München 1963. Eine kritische Würdigung des Buches findet sich in: M. Juritsch, Sociologia da Paternidade, Petrópolis 1970, 134—141, deutsch: Der Vater in Familie und Welt. Eine anthropologische Studie, Paderborn 1966. Dieses Buch möchten wir wärmstens empfehlen.

[22] Vgl. M. Juritsch, Sociologia da Paternidade, 137.

das Vaterunser zu beten? Heißt das nicht, an den Maßstäben einer schon untergegangenen Kultur festhalten?
Obgleich unsere Gesellschaft immer mehr von brüder-
lichen Bindungen bestimmt wird (freilich ist dies eher
ein weltweiter Wunsch als eine Feststellung), können
wir dennoch nicht zulassen, daß die Figur des Vaters
zerstört wird. Man muß nämlich unterscheiden zwischen der patriarchalischen Gesellschaftsordnung und
dem anthropologischen Prinzip des Vaters. Die histo-
risch-soziale Form der Vaterschaft als Organisations-
prinzip dieses besonderen Gesellschaftstyps kann sich
ändern; aber die anthropologische Konstante des Vaters erschöpft sich nicht in dieser besonderen Form. Der
Vater besitzt eine ursprüngliche und unaufgebbare
Funktion, die für den ersten Bruch zwischen Mutter
und *Sohn* verantwortlich ist, und führt den Sohn in
das soziale Leben ein. Die Gestalt des Vaters ist nicht
dazu verurteilt, zu verschwinden, sondern muß neue
Funktionen übernehmen, die in eine veränderte Welt
passen. Noch immer wird das Bild des Vaters in der
Psyche des Kindes aufgenommen, wo es zur Matrix
wird, durch die das Kind sich die Welt aneignet, sie
ablehnt und mit ihr lebt.[28]

Freud hat uns gelehrt, daß jeder Mensch sein Gottesbild nach dem Bild des Vaters macht. Das Verhältnis
des Menschen zu Gott hängt von dem Verhältnis ab,
das er zu seinem Vater hat. Wenn der konkrete Vater — in Übereinstimmung mit den neuen gesellschaftlichen Maßstäben — aufrichtig, treu und verantwortlich genug lebt, um dadurch seinem Kind den Schutz
zu bieten, den es zum Reifen seines Ichs benötigt, dann

---

[23] Vgl. die wichtige Untersuchung von *C. G. Jung*, Die Bedeutung des Vaters für das Schicksal des Einzelnen, Zürich 1949.

kann er von neuem die Rolle des Vorbilds übernehmen, die nicht mehr von den Verzerrungen der patriarchalischen Ära belastet ist. Dann kann er von neuem die strukturelle Funktion übernehmen, die der Figur des Vaters in der menschlichen Gesellschaft innewohnt. Diese anthropologische Grunderfahrung dient dem Kind als Ausgangspunkt, von dem aus es sein Gottesbild entwickelt, das dann das Ergebnis eines mündigen Glaubens und nicht Beruhigungsmittel für ein instinktives Schutzbedürfnis sein sollte. Dann vermag der Mensch auch noch im Dunkel einer inneren Nacht und im Klagen über namenloses Leid Gott als Vater anzurufen.

Diese Überlegungen helfen uns jetzt, eine weitere Schwierigkeit zu verstehen und anzugehen, auf die uns Meister des Zweifels wie Nietzsche und Freud hinweisen.[24] Sie haben eine Reihe von Einwänden gegen die Vaterreligion erhoben. Ihr Ausgangspunkt war dabei eine Hermeneutik von Verirrungen und Zerrbildern, die zwei elementare Triebe der menschlichen Existenz in Bewegung setzen können: das Verlangen und die Angst. Das Verlangen nach Schutz wie auch die Mechanismen der Angstbewältigung können sich eine eigene Sprache schaffen, hinter der sie sich verbergen. Eine solche Sprache könnte unter anderen auch die Religion sein. Religion hätte — nach Nietzsche und Freud — eine Bedeutung, die dem religiösen Menschen selbst entgeht. Er lebt in einer Illusion, weil er, während er glaubt, es gehe um Gott, dessen Gnade und Vergebung, dessen Schutz und Heil, in Wirklichkeit nichts anderes tut, als

[24] Vgl. *R. Alves*, O enigma da religião, Petrópolis 1976, bes. den ganzen ersten Teil, in dem die Kritiken von Freud, Marx, Nietzsche und anderen diskutiert werden.

seine Grundtriebe zu zähmen und in eine bestimmte Richtung zu lenken. Der Zweifel der Analytiker (wie Freud und Nietzsche) muß diese Selbsttäuschung aufdecken und die bewußten und kanonisierten Bedeutungen von den realen, aber unbewußten trennen können. So hat für Nietzsche die Religion, besonders aber das Christentum, ihren Ursprung im Ressentiment der Schwachen gegenüber den Starken. Sie entsteht aus Machtlosigkeit und Frustration und ist damit eine Art ›Platonismus für das Volk‹. Sie kehrt die Werte so um, daß der Schwache zum Starken, der Ohnmächtige zum Allmächtigen und Gott zum Gekreuzigten und Besiegten wird.[25]

In diesem hermeneutischen Zusammenhang ist die Religion für Freud eine kollektive infantile Neurose und Gott eine kompensierende Projektion des infantilen Verlassenheitsgefühls.[26] Der Vatergott wäre dann ein Ersatz für den eigenen Vater, eine Projektion und schließlich eine Illusion, mit deren Hilfe der Mensch sein Bedürfnis nach Schutz und Wärme stillt. Der Mensch wird frei, wenn er dem Lustprinzip (Verlangen) absagt und das Realitätsprinzip annimmt (amor fati = Hinnahme des Schicksals). Freud besteht darauf, daß alle Menschen die Phase des Ödipuskomplexes durchmachen. Das Problem besteht nicht darin, ihn überhaupt nicht zu haben, denn alle Menschen müssen das durchmachen. Das Problem besteht vielmehr darin,

---

[25] Die Gedanken finden sich vor allem in Nietzsches Büchern ›Jenseits von Gut und Böse‹ (1886) und ›Zur Genealogie der Moral‹ (1887).

[26] Vgl. das Buch von *J. M. Pohier*, Au nom du Père, Paris 1972, in dem die wesentlichen Themen des christlichen Glaubens im Rahmen der von Freud aufgeworfenen Fragen behandelt werden.

wie man ihn auf eine vermenschlichende Weise überwindet und in das persönliche Lebensprojekt integriert.
In seiner Grundform nimmt der Ödipuskomplex die
Struktur des Verlangens nach Omnipotenz an: eine Art
Megalomanie. Das Verlangen ist grenzenlos. So verwandelt sich der Ödipus in der Phantasie zum Bild
des idealen Vaters, der alle vom Sohn ersehnten Werte
verwirklicht. Der Sohn ist vom Vater fasziniert, ahmt
ihn nach und will wie der Vater werden. Weil ihm
das aber nicht gelingt, was soll er da tun? Man kann
den Ödipuskomplex auf verschiedene Weise überwinden: durch Verdrängung, Identifikation und Sublimie-
rung, Formen, die keinen Erfolg haben und in Wirklichkeit auch nie ganz verwirklicht werden. Aber es gibt
eine Form, den Ödipus-Komplex erfolgreich zu überwinden: die Zerstörung (Auflösung oder Vernichtung)
des Ödipus-Komplexes. Der Sohn muß anerkennen,
daß der Vater sterblich und anders als er selbst ist. Der
Sohn wird niemals der Vater werden. Der Vater muß
als Vater akzeptiert werden. Das erst macht den Sohn
zum Sohn. Es geht also nicht darum, unsere Triebe zu
verdrängen, sondern sie zu entlarven und ihrer infantilen Omnipotenz abzusagen. Auf diese Weise verinner-
licht der Sohn die Figur des Vaters, ohne sich als Sohn
aufzugeben. Schließlich wird er für sich selbst zum Vater und gelangt zu seiner menschlichen Reifung. So erhält der Ödipuskomplex als integrierender Faktor wieder seinen Platz in der Psyche.[27]
Mit unseren Erkenntnissen über die dialektische Struktur der Erfahrung Gottes als des nahen und zugleich

---

[27] Vgl. die treffenden Ausführungen von *P. Ricoeur*, Die Vatergestalt, a. a. O. (o. S. 45, Anm. 2), 317—321.

fernen Vaters, als *unseres* Vaters und zugleich als des Vaters, der *im Himmel* ist, sind wir nun in der Lage, auf die kritischen Einwände von Freud und Nietzsche zu antworten. Gewiß müssen wir zugeben, daß es eine pathologische Art und Weise geben kann, in der manche Menschen ihren Glauben an einen Vater-Gott leben. Der Glaube ist für sie Flucht vor der Leidenschaft dieser Welt und ein endloses Suchen nach Trost. In diesem Sinn müssen wir die Kritik der beiden Meister des Mißtrauens akzeptieren, die somit auch eine läuternde Funktion für den wahren Glauben hat. Wenn man aber genau hinsieht, erkennt man auf der anderen Seite, daß der Glaube, der für das Beten des Vaterunsers gefordert wird, uns gerade von den archaischen Antrieben des Verlangens und der Angst frei machen will, denn sie halten uns versklavt und machen es uns unmöglich, in Freiheit — wie Söhne und nicht wie kleine Kinder — Abba, Vater, zu sagen. Paulus hält daran fest, daß wir jetzt keine »unmündigen Kinder mehr sind, nicht mehr Sklaven der Elementarmächte dieser Welt« (Gal 4, 3) — wir würden sagen: Sklaven des Verlangens und der Angst —, sondern mündige Söhne und Töchter. Die Beziehung, die wir zu Gott als Vater eingehen, entsteht nicht aus einer infantilen und neurotischen Abhängigkeit, sondern aus Autonomie und freier Entscheidung. Bei Jesus findet sich diaphanisch diese integrierende Funktion des Ödipus-Komplexes. Jesus lebt seinem Vater gegenüber weder in Kastrationsangst noch in lähmender Abhängigkeit. Im Gegenteil: Er hat seine besondere Sendung und anerkennt den Vater als himmlischen Vater. Indem er anerkennt, daß er der Sohn ist, und sich als solchen akzeptiert, entsagt er dem infantilen Allmachtstraum wie auch dem Wunsch danach, sich die Vorrechte des Vaters anzueignen.[28] Einerseits weiß er, daß er alles vom Vater erhalten hat (Joh 17,7), anderseits weiß er, daß er wegen seines engen Liebesverhältnisses zum Vater mit ihm eins ist (Joh 17,21). Dieses Verhältnis der Freiheit, das zwischen Jesus als dem Sohn und Gott als dem Vater herrscht, macht das Feld frei für die Begegnung mit den anderen Menschen. Ihnen gegenüber zeigt Jesus ein völlig freies und offenes Verhalten, denn er liebt sie bis zur Hingabe seines Lebens. Die vertikale Beziehung erweist sich als die Quelle, die die horizontale Beziehung mit Kraft erfüllt. Die Befreiung der Menschen steht nicht im Gegensatz zu der Beziehung zu Gott. Jesus zeigt, daß man tief mit Gott und radikal mit den Menschen verbunden sein kann. Mit anderen Worten: Die Befreiung von menschlicher Unterdrückung setzt nicht notwendigerweise die Befreiung von der Vorstellung eines Vater-Gottes voraus. So wird deutlich, daß das Christentum weder einem Ressentiment der Schwachen gegen die Starken entspringt noch eine Religion von Resignation und Frustration ist. Im Gegenteil, das Christentum ist eine Religion der Kühnheit und des Mutes, deren es bedarf, um die beiden Pole: die Treue zum Himmel und die Treue zur Erde, miteinander zu verbinden und die Hoffnung wider alle Hoffnung zu behaupten. Das eine wie das andere ist zugegebenermaßen keine Kleinigkeit. Zwar war das Christentum in seinen Anfängen eine Religion von Sklaven und an den Rand der Gesellschaft gedrückten Menschen, aber nicht um die Sklaverei und Unterdrückung zu festigen, sondern sie in die

[28] Vgl. die ausgezeichneten Überlegungen von C. *Surian*, Elementi per una teologia del desiderio e la spiritualità di San Francesco d'Assisi, Rom 1973, 113—115.

Befreiung und zur Würde des neuen Menschen zu führen.

Die vierte Schwierigkeit liegt in dem Wissen, daß unsere Kultur, die um die Gestalt des Vaters und unsere männlichen Werte zentriert ist, geschichtlich bedingt ist. Wenn wir Gott als Vater anrufen, zollen wir damit nicht einer Zufälligkeit, die untergeht, Tribut? Könnten wir ihn nicht ebensogut als ›Unsere *Mutter* im Himmel‹ anrufen? Die Frage ist genauso interessant wie schwierig. Wir können sie hier nicht so eingehend erörtern, wie es ihr zukäme.[29] Aber wir können sagen, daß niemand, der aus christlichem Glauben zu Gott als Vater betet, dabei an eine geschlechtliche Bestimmtheit denkt. Vielmehr will er seinem Glauben Ausdruck geben, daß aller Wirklichkeit ein Anfang ohne Anfang zugrunde liegt, das heißt eine Quelle, die allen Dingen Ursprung verleiht, ohne jedoch selbst einen Ursprung zu haben. Mehr noch: Dieser Anfang ist kein in sich selbst verlorener Abgrund, sondern strömt über von Liebe und Gemeinschaft. Dieser Vater hat einen Sohn, einen, mit dem er den Heiligen Geist zeugt. Die Kirchenväter sehen bei ihren Kommentaren zum Vaterunser in dieser ersten Bitte schon einen Hinweis auf die Dreifaltigkeit. Denn zunächst ist es der Geist des Sohnes, der uns ›Abba, Vater‹, sagen läßt (vgl. Gal 4,6; Röm 8,15). Vater sagen bedeutet zwangsläufig auch die Anrufung der Wirklichkeit des Sohnes. Cyprian sagt in seinem Kommentar zum Vaterunser: »Wir sagen Vater, weil wir Kinder sind«[30] — im Sohn Jesus. Tertullian er-

---

[29] Verwiesen sei auf das Buch: *L. Boff*, O rosto materno de Deus, Petrópolis 1979.
[30] Vgl. De oratione dominica (PL 4, 535—562); deutsch: BKV, Bd. 34, Kempten/München 1918, 161—197, hier: vgl. 172, 173.

weitert noch den Kreis und nimmt auch die Mutter
Kirche mit hinein: »Im Vater wird auch der Sohn
angerufen, denn es heißt: ›Ich und der Vater sind
eins‹ (Joh 10,30). Nicht einmal die Mutter, die Kirche,
wird übergangen. Im Sohn und im Vater wird ja die
Mutter erkannt; in ihr findet die Benennung Vater und
Sohn ihre Grundlage.«[31]
Wenn wir Vater sagen, wollen wir also das letzte Geheimnis bekennen, das das Universum der Wesen durchdringt und trägt, das Geheimnis der Liebe und Gemeinschaft. Dieselbe Wirklichkeit, die wir durch das Symbol
Vater ausdrücken, könnte ebenso durch das der Mutter
ausgedrückt werden. Das Alte Testament zeigt uns an
Gott auch mütterliche Züge: »Ich will euch trösten wie
eine Mutter« (Jes 66,13; Jer 3,19). Papst Johannes
Paul I. hat gesagt: »Gott ist Vater, mehr aber noch
Mutter.« Hier kann nicht über den Grund geurteilt
werden, weshalb Begriffe des Weiblichen verwendet
werden. Denn in dem Maße, in dem unsere Kultur ent-
patriarchalisiert wird, befreit sie sich von ihrer ver-
männlichten Symbolik und eröffnet die Möglichkeit,
sich Gott auch auf dem Weg des Weiblichen zu nähern.
Auch das Weibliche und damit die große und gütige
Mutter sind Symbole, die würdig und angemessen sind,
den Glauben an das Liebesgeheimnis auszudrücken, das
die Ursache aller Dinge ist. Sowohl der Ausdruck ›Vater‹ als auch der Begriff ›Mutter‹ deuten auf dieselbe
letzte Wirklichkeit hin.
Wie sollen wir also heute das Vaterunser beten? Mit
demselben Geist, mit dem sich Jesus an den Vater

---

[31] De oratione (PL 1, 1245—1304); deutsch: BKV, Bd. 7, Kemp-
ten/München 1912, 247—273, hier: 250.

wandte, und mit demselben Mut, mit dem die ersten christlichen Martyrer es beteten. Während sie gefoltert wurden, riefen sie den allmächtigen Gott an und damit zugleich auch den barmherzigen Vater.[32] Jesus lebte in keiner Idylle. Sein Leben war Auseinandersetzung, erfüllt von Konflikten, die schließlich in seiner Kreuzigung gipfelten. Noch während seiner Folterung betete er zu seinem geliebten Vater. Aber er bat nicht darum, von den Versuchungen oder vom bitteren Kelch verschont zu werden, sondern darum, dem Willen des Vaters treu zu bleiben. Auch für ihn war Gott gleichzeitig nah und fern. Das jammervolle Klagen am Kreuz zeigt, daß auch Jesus die schmerzliche Erfahrung der Abwesenheit Gottes gemacht hat. Am Ende jedoch wußte er sich ihm nah: »Vater, in deine Hände empfehle ich meinen Geist« (Lk 23,46).

Wenn der Christ das Vaterunser betet, wendet er sich nicht zurück in längst vergangene Zeiten, sondern nach vorn in die Richtung, aus der uns das Reich kommt, das uns der Vater, der oben, der im Himmel ist, versprochen hat. Das Nach-*vorn* und das Nach-*oben* drücken die Haltung der Hoffnung und des Glaubens aus, mit der er sich über den nahen Gott-Vater freut und auch den fernen Gott-Vater liebt. Diese Haltung bedeutet weder Entfremdung noch Entmenschlichung. Sie macht die Größe des Menschen als Kind des geliebten Vaters sichtbar.

[32] Vgl. die Sammlung diesbezüglicher Aussprüche bei: *A.Hamman,* La Prière II. Les trois premiers siècles, Tournai 1963, 158 bis 160.

IV. Geheiligt werde dein Name

»1524 sind die ersten Franziskaner nach Mexiko gekommen. Im Atrium des Franziskanerkonvents unter-
richten sie einige vornehme Herren. Mit heftigen Worten verurteilen sie dabei deren alte Glaubenslehren. Da
steht ein aztekischer Weiser auf und äußert — wenn
auch ›höflich und mit gutem Ton‹ — seinen Unmut darüber, daß man in solcher Weise die religiösen Bräuche
angreift, die ihren Vätern so teuer waren. In seiner
Rede sagt er:
›Ihr habt gesagt,
wir kennten nicht
den Herrn der Nähe und des Miteinander,
den, von dem Himmel und Erde stammen.
Ihr habt gesagt,
unsere Götter seien nur Götzen.
Das Wort ist für uns ganz neu,
das ihr da sagt,
es hat uns verwirrt
und beunruhigt.
Unsere Vorväter,
die dahingeschieden sind, die auf der Erde gelebt haben,
haben nicht so gesprochen.
Sie gaben uns
ihre Lebensregeln.
Sie hielten ihre Götter für wahr,
opferten ihnen
und verehrten sie.

Wir wissen,
wem man das Leben verdankt,
wem man das Geborenwerden verdankt,
wem man das Gezeugtwerden verdankt,
wem man das Wachsen verdankt,
wie man die Götter anruft und
wie man betet.
Hört, ihr, unsere Herren,
tut nichts
unserem Volk.
Sonst bringt es euch Unglück,
und ihr geht zugrunde . . .
In aller Ruhe und Freundschaft,
überlegt, unsere Herren,
was es zu tun gilt.
Wir können nicht einfach ruhig bleiben.
Gewiß glauben wir noch nicht
und halten es nicht für wahr,
obwohl es euch beleidigt.
Das ist es, was wir antworten
auf eure Rede,
die ihr unsere Herren seid.‹«

> *M. L. Portilla*, Diálogos con los sabios indígenas, in: El reverso de la conquista, Mexiko 1970, 23—28.

Um diese Bitte des Vaterunsers — Geheiligt werde dein Name — richtig zu verstehen, müssen wir auch hier wieder versuchen, die Erfahrung wiederzugewinnen, die ihr zugrunde liegt. Wir haben sie oben in unseren Betrachtungen über das Gebet des Herrn bereits skizziert, hier genügt es, sie in Erinnerung zu rufen.

1. Der Schrei einer Bitte

Die Bitte drückt eine Feststellung und einen Wunsch aus. In dieser Welt wird der Gott-Vater weder objektiv noch subjektiv geheiligt oder verherrlicht[1]. Die heutige Welt widerspricht wegen der schweren Störungen, die das brüderliche Zusammenleben der Menschen erschweren, objektiv der Ehre Gottes. Auch subjektiv lästern die Menschen in Worten und Taten den heiligen Namen Gottes.

Als Erstes machen wir die furchtbare *Feststellung:* So wie sich uns die menschliche Gesellschaft darstellt, ist sie in ihrer Struktur und in ihren Funktionen verderbt. Nirgends gibt es auch nur ein Fleckchen, an dem sie gesund oder normal wäre. Die Konflikte und Spannungen zwischen den Menschen fördern nicht die Entwicklung von mehr Gerechtigkeit und mehr Menschlichkeit. In ihrer Mehrzahl sind sie antagonistisch und destruktiv. Wir alle sind in einer Haft gefangen, die unsere Sehnsucht nach einer stets gesuchten, aber auch fast immer mißlingenden Befreiung unerträglich macht. Wir leben objektiv in struktureller und institutionalisierter Dekadenz.

Damit machen wir aber nicht nur eine analytische Feststellung, sondern sprechen auch ein ethisches Urteil aus. Überall stoßen wir auf die finstere Wirklichkeit der Bosheit und der Beleidigung Gottes. Überall herrscht die Sünde, die anzeigt, daß der Mensch sein Gefühl für die Transzendenz verloren und die sozialen Bin-

---

[1] In seinem Vaterunser-Kommentar merkt *Origenes* an, daß diese Bitte auf der Voraussetzung gründet, daß der Name des Vaters noch nicht geheiligt ist; vgl. De oratione, 24 (PG 11, 492).

dungen zerrissen hat. Deshalb wird der andere von uns nicht mehr als Bruder angesehen.

Wie konnte es dazu kommen? Fromme Menschen geben auf die Frage eine Antwort, die anklagend und beschuldigend ist: weil die Menschen, die den Lauf der Geschichte bestimmen, sich geweigert haben, dem Absoluten gegenüber Verantwortung zu übernehmen, weil sie allmählich die Erinnerung an Gott verloren haben, weil sie sich Götzen aller Art geschaffen haben, um sie an seine Stelle zu setzen, weil sie den Namen Gottes verflucht haben. Es gibt viele Menschen, die in dem Elend der Welt Gründe finden, wie der biblische Ijob zu hadern. Andere können es nicht ertragen, daß Gott schweigt zu den Ungerechtigkeiten an den Schwachen, und sie lehnen ihn deshalb bewußt ab. Sie sagen: Ein ohnmächtiger Gott kann uns nicht helfen! Warum sollen wir seinen Namen verherrlichen?[2]

Die Kenntnis dieser fundamentalen Not läßt die Sehnsucht in Form einer Bitte durchbrechen: Geheiligt werde dein Name! Dies ist der Schrei derer, die Jesus nachfolgen, und er ist ebenso an Gott wie an den Menschen gerichtet. Gott soll endlich seine Herrlichkeit zeigen! Der Gott-Vater soll — endzeitlich — eingreifen und all dem ein Ende setzen, was die göttliche Wirklichkeit verletzt und beleidigt! Die Menschen sollen so leben können, daß sie seinen Namen ehren und den Mut haben, die Welt so zu verändern, daß sie würdig wird, sein Reich zu werden.

Das ist die Erfahrung, die der Bitte »Geheiligt werde

---

[2] In seiner besonderen Art bat Franz von Assisi seine Brüder, sie sollten sich nicht kleinlich alles Elend dieser Welt merken und so vermeiden, Motive dafür zu sammeln, sich über Gott zu beklagen oder seinen Namen zu lästern.

dein Name« zugrunde liegt und diesen flehenden Schrei hervorruft. Um ihren Inhalt besser zu verstehen, müssen wir noch die beiden Schlüsselbegriffe *heiligen* und *Name* erklären.

2. Die Bedeutung der Begriffe ›heiligen‹ und ›Name‹

Heiligen ist in der Bibel gleichbedeutend mit loben, preisen und verherrlichen.[3] Heilig seinerseits ist gleichbedeutend mit gerecht, vollkommen, gut und rein. Obwohl diese Aussage richtig ist, gibt sie die Grundbedeutung des Heiligen nicht ganz wieder. Heilig ist eine der zentralen Kategorien der Religionen und der Bibel und enthält zwei sich gegenseitig bedingende Beziehungen. Die erste bestimmt das Sein, die zweite das Handeln. Die eine gehört dem anthropologischen Bereich an (Wie ist Gott? Was ist sein Wesen?), die andere dem ethischen (Wie handelt Gott? Was tut er?). Wenn der Begriff ›heilig‹ auf Gott bezogen wird, will er die besondere Art seines Seins zum Ausdruck bringen. ›Heiliger Gott‹ besagt dann: der ganz Andere, die andere Dimension. Gott ist keine Verlängerung unserer Welt, sondern eine andere Realität. Das bedeutet einen Bruch zwischen ihm und unserem Sein und unserem Handeln. Die Schriften sagen verschiedene Male, daß sein Name, das heißt sein Wesen, heilig ist (Jes 6,3; Ps 99,3.5.8; Lev 11,14; 19,2; 21,8; Spr 9,10; 30,3; Ijob 6,10). Er wohnt in einem unzugänglichen Licht (vgl. Ex 15,11; 1 Sam 2,2;

---

[3] Vgl. *J. de Fraine*, Santo, in: Dicionário Enciclopédico da Bíblia, Petrópolis 1971, 1389—1393. Siehe auch eine der eingehendsten Studien: *O. Proksch / K. G. Kuhn*, Artikel ›hagios‹, in: Theologisches Wörterbuch zum Neuen Testament I, 87—116.

1 Tim 6,16). Das bedeutet, daß Gott uns unerreichbar ist. ›Heilig‹ ist ein Begriff, der Gott negativ definiert. Gott ist derjenige, der auf der anderen Seite — von uns getrennt — steht (der etymologische Sinn des lateinischen *sanctus, sancire* ist: abgesondert, abgetrennt, entfernt). Diese Vorstellung bringt das Vaterunser dadurch zum Ausdruck, daß es sagt: Vater unser im Himmel. Der Himmel, so hatten wir schon festgehalten, benennt das, was für den Menschen unerreichbar ist, das Unendliche. Deshalb sagt Johannes: Heiliger Vater (17,11). Gott ist der Nahe (Vater) und zugleich der Ferne (heiliger Vater).

Dieses besondere Sein Gottes, das sich von dem unseren unterscheidet, verbietet jede Art von Idolatrie (Götzendienst), weil Idolatrie bedeutet, daß ein Stück der Welt als Gott angebetet wird. Es verbietet jede Manipulation Gottes, sei es von seiten einer religiösen, sei es von seiten einer politischen Macht. Die einzig mögliche Haltung vor dem Heiligen ist Achtung, Ehrerbietung, Ehrfurcht. Denn wir stehen dem Unaussprechlichen gegenüber, einem Wort, für das es keine anderen Ausdrücke gibt, einem Licht ohne Schatten, einer Tiefe ohne Grund.

Wegen dieses ganz anderen Wesens Gottes kann der Mensch gegenüber dem Heiligen auf zweifache Weise reagieren. Religionsphänomenologische Untersuchungen[4] sprechen von Flucht und von Angezogenwerden. Vor dem Heiligen wirft sich der Mensch nieder, weil er auf das Unbekannte und Abgrundtiefe prallt. Er will fliehen und verschwinden. Das ist die Erfahrung, die Mose vor dem brennenden Dornbusch machte, aus

---

[4] Vgl. das klassische Werk von *R. Otto*, Das Heilige, Breslau 1917, München [30]1958.

dem er die Stimme hörte: »Komm nicht näher heran! Denn der Ort, wo du stehst, ist heiliger Boden« (Ex 3,5). »Da verhüllte Mose sein Gesicht, denn er fürchtete sich, Gott anzuschauen« (Ex 3,6b). Zugleich kann das Heilige aber auch faszinieren und anziehen. Es ist voll von Sinn und erfüllt von Licht. Vor demselben Dornbusch sagt Mose von sich selbst: »Ich will dorthin gehen und mir die seltsame Erscheinung ansehen« (Ex 3,3).

Soweit der ontologische Aspekt des Heiligen, nach dem jetzt die ethische Seite des Heiligen zu besprechen ist. Sie folgt aus der ontologischen Dimension, weil sich das Handeln (Ethik) aus dem Sein (Ontologie) ergibt. Dieser Gott, der in der beschriebenen Weise heilig, das heißt fern ist, der der ganz andere ist und jenseits alles dessen existiert, was wir denken und uns vorstellen können, ist kein gleichgültiger und neutraler Gott. Er hat Ohren und kann sagen: »Ich habe das Schreien meines Volkes gehört. Ich habe gesehen, wie es unterdrückt wird. Ich kenne ihr Leid« (Ex 3,7). Gott ergreift Partei, steht auf der Seite der Schwachen und stellt sich gegen die Unterdrücker. Er trifft klare Entscheidungen: »Ich habe beschlossen, euch aus dem Elend Ägyptens herauszuführen in das Land, das ich euch verheißen habe« (Ex 3,17). Der Gott der Bibel und der Vater unseres Herrn Jesus Christus ist ein ethischer Gott. Er liebt die Gerechtigkeit und verabscheut das Unrecht. Jesaja sagt in einer genialen Wendung: »Der heilige Gott will durch Gerechtigkeit geheiligt werden« (Jes 5,16). Gott ist absolut gerecht, vollkommen und gut. Nur er allein ist radikal gut (vgl. Mt 19,17), rein und ohne Brüche und Doppeldeutigkeiten.

Der ontologisch ferne (heilige) Gott wird uns der

ethisch nahe (heilige) Gott. Er kommt dem Unglücklichen zu Hilfe, will den Unterdrückten rächen und identifiziert sich mit den Armen. Gott selbst überbrückt den Abgrund zwischen seiner Heiligkeit und unserer profanen Realität. Er kommt aus seinem unerreichbaren Licht heraus und durchdringt unsere Finsternis. Die Fleischwerdung des ewigen Sohnes vergeschichtlicht diese liebende Sympathie Gottes zu seinen Geschöpfen.

Wenn Gott den Abstand, der ihn (ontologisch) von den Menschen getrennt hat, überwindet, dann will er, daß auch der Mensch diesen Abstand überwindet. Er will, daß auch der Mensch heilig wird, wie er, Gott, selbst heilig ist (Lk 11,14; 19,2; 20,26). Seid vollkommen und barmherzig, wie auch euer Vater vollkommen und barmherzig ist, lautet das Gebot Jesu (vgl. Mt 5,48; Lk 6,36). Damit spricht Jesus eine Forderung von größter anthropologischer Tragweite aus: Die letzte Bestimmung des Menschen ist Gott. Nur Gott ist konkret gewordene Utopie. Daraus folgt, daß der Mensch nur im Horizont der Utopie gedacht und verstanden werden kann. Er lebt in und mit der Welt, aber sie ist ihm nicht angemessen. Er ist ein geschichtliches Wesen, aber die seinem Wesen entsprechende Dynamik fordert den Bruch mit der Geschichte und die Verwirklichung einer Übergeschichtlichkeit.

Mit dieser Auffassung lassen wir alle Totalitarismen der Geschichte hinter uns. Das gilt vor allem auch für den marxistischen Totalitarismus, der den Menschen als Schöpfer der Geschichte versteht und ihn zu einem Teilchen des Gesamtzusammenhangs der gesellschaftlichen Verhältnisse macht.[5] Die Aufforderung: Seid vollkom-

---

[5] Dies besagt die berühmte sechste These von K. Marx gegen L. Feuerbach.

men und heilig, wie euer Vater vollkommen und heilig ist, setzt dagegen voraus, daß der Mensch eben nicht auf seine Infrastruktur reduziert, sondern über die Fakten der Geschichte hinausgehen kann. Mit einem Wort: Die Berufung des Menschen ist der Himmel und nicht die Erde, ist Gott und nicht das Paradies auf Erden. Damit soll freilich keineswegs gesagt werden, daß der Mensch aufgefordert sei, sich den geschichtlichen Aufgaben zu entziehen. Ganz im Gegenteil, Erde und Geschichte müssen gemeinsam zu ihrem höchsten Ideal in Gott geführt werden.

Wenn wir die Bedeutung des Aufrufs: Seid heilig, wie Gott heilig ist, nur etwas vereinfachend zusammenfassen, müssen wir sagen: Der Mensch (als Mann und Frau) ist dazu berufen, ontisch (das heißt: auf der Ebene des Seins) an Gott teilzuhaben und ethisch (das heißt auf der Ebene des Handelns) Gott nachzuahmen. Der Mensch gewinnt sein wirklich menschliches Wesen erst dadurch, daß er über sich hinauswächst und in die Dimension Gottes eingeht. Im anderen und im ganz Anderen findet der Mensch sein wahres Ich. Das bedeutet, ontologisch heilig zu werden, wie Gott heilig ist.

Aber wie geschieht das? Wieder lautet die Antwort: Wenn wir ethisch heilig sind, wie Gott heilig ist, das heißt, wenn wir gerecht, gut, vollkommen und rein sind wie Gott. Wer diesen Weg geht, geht Gott entgegen. Wer der Gerechtigkeit und Güte fern bleibt, bleibt auch Gott fern, auch wenn er dauernd den Namen Gottes im Munde führt.

Man versteht, daß die Kategorie ›heilig‹, auf Gott und auf den Menschen angewandt, beide zugleich trennt und verbindet. Sie trennt ihn, weil das Attribut ›heilig‹

allein Gott zukommt, das dessen besonderes Sein von dem Sein der Geschöpfe (Welt, Mensch, Geschichte) unterscheidet; und sie verbindet sie, weil der heilige Vater — Gott — für den Menschen zum Idealbild wird, in dessen Nachfolge er seine volle Menschlichkeit erlangen kann. Zwischen Mensch und Gott besteht also nicht nur ontologisch ein Bruch, sondern es besteht auch *Gemeinschaft*. Der Mensch ist in dem Maße heilig, in dem er mit dem Heiligen in Beziehung tritt und mit ihm eng verbunden ist. Der heilige Gott will sich auch im Menschen heiligen: »Ich will mich heiligen in dir!« (Ez 28,22). Dabei bedeutet Gemeinschaft über alle Gegensätze hinweg ein wechselseitiges Sicheinfügen — des Menschen in Gott und Gottes in den Menschen, wie es treffend im Johannesevangelium heißt (10,36; 17,17). Dies ist das universale Gesetz der Heilsgeschichte, das in der Inkarnation zu seinem Höhepunkt gelangt.

So stehen wir jetzt vor der Frage nach dem Sinn des Begriffs *Name*.[6] Von den vielen Bedeutungen interessiert uns im Zusammenhang des Vaterunsers im wesentlichen nur eine einzige: In der Bibel bezeichnet der Name die Person selbst und erklärt ihr inneres Wesen. Den Namen eines Menschen kennen heißt einfach ihn kennen (Num 1,2—42; Apk 3,4; 11,34). Gott nennt Mose seinen Namen, und damit offenbart er sich ihm, wie er ist: derjenige, der sein Volk begleitet und immer anwesend ist (Ex 3,14: »Ich bin der ›Ich-bin-da‹«). Später, besonders bei Jesaja, offenbart er sich als der Heilige, das heißt als der, der alles transzendiert und

---

[6] Vgl. *A. M. Besnard*, Le mystère du nom, Paris 1962; *H. van den Bussche*, Das Vaterunser, Mainz 1963, 57—60; *J. Dupont*, Stichwort im Dictionnaire de la Bible, Supplementbd. 6, 514 bis 541.

sich zugleich ganz dem Menschen verpflichtet (Jes 6,3). Jesus macht uns endgültig den wahren Namen Gottes bekannt: »Gerechter Vater ... gib ihnen deinen Namen zu erkennen« (Joh 17,26). An einer anderen Stelle sagt er auch: »Heiliger Vater« (Joh 17,11). Vater ist *der* Name Gottes. Als *heiliger* Vater ist er der Gott, der die engen Grenzen der Schöpfung sprengt und in den Himmeln wohnt. Als *gerechter* Vater ist er der Gott, der Mitleid mit unserer Unzulänglichkeit hat und sein Zelt unter uns aufschlägt. In der Sprache Jesu: Gott ist *Abba*, gütiger und barmherziger Vater.

3. Was bedeutet die Bitte um befreiende Heiligung?

Nachdem wir die Bedeutung von *heilig* und *Name* untersucht haben, können wir jetzt den Sinn der Bitte besser verstehen: „Geheiligt werde dein Name!« Sie will sagen: Gott soll respektiert, geachtet und geehrt werden als der, der er ist, als der *Heilige*, das unergründliche, faszinierende und zugleich schreckenerregende Geheimnis, aber auch als der, der *Jahwe* (Ich bin der ›Ich-bin‹) ist, der uns begleitet und beisteht, als der, der *Abba* ist, gütiger, naher und ferner Vater, und als der, der sich von menschlichen Interessen nicht manipulieren läßt. Das Mindeste, was wir Gott gegenüber tun können, ist, ihn als den Andersseienden anzuerkennen. Er ist nicht Mensch und bewegt sich nicht im Horizont unseres Denkens, Fühlens und Handelns. Er ist der Andere, und als solcher ist er unser Urgrund, unser Ursprung und unsere Zukunft. Jemanden nicht in dem anzuerkennen, was er ist, nämlich anders als wir selbst, das macht ihn zu einem Satelliten unseres eigenen Ichs, zu einer Verlängerung unserer eigenen Wünsche, das heißt ihn im tiefsten verletzen. Das bedeutet, ihn zu negieren, ihm das Recht, er selbst zu sein (und jeder Mensch ist anders als der andere), zu nehmen und ihn als ein schon bekanntes und vorgefertigtes Klischee zu betrachten.

Es ist keine Heiligung des göttlichen Namens, wenn wir Gott als Notlösung bei unseren menschlichen Mißerfolgen ansehen und ihn nur dann bitten und an ihn denken, wenn wir Hilfe brauchen, weil unsere kindlichen Wünsche unerfüllt bleiben. Dann verehren wir nicht nur Gott, sondern unser eigenes Ich und stellen ihn nur in den Dienst unserer eigenen Interessen. Gott wird dann nicht mehr als der Andere anerkannt, der einen unschätzbaren Wert in sich selbst hat, sondern darum, weil er uns helfen kann. Solange wir bei der Auffassung bleiben, Gott sei zum Helfen bestimmt und die Religion sei eine gute Sache, um das menschliche Gleichgewicht wieder herzustellen, so lange haben wir den Teufelskreis unseres Egoismus noch nicht durchbrochen und Gott noch nicht gefunden. Wir können Gott nur dann finden und verehren, wenn wir über das Bedürfnis nach Nichtigkeiten hinauswachsen und das Verlangen überwinden, das — wie Freud gezeigt hat — die Merkmale infantiler Allmacht trägt. Wir beleidigen Gott nicht, wenn wir ihn leugnen, sondern wenn wir egozentrische Bitten an ihn richten, denn das bedeutet, daß wir Gott nicht als Gott anerkennen, als jemand, der anders ist als wir selbst und unsere begrenzten Kräfte übersteigt.

Wir heiligen Gott nicht, wenn wir in unserer religiösen Sprache (Frömmigkeit, Liturgie, Theologie) so von ihm reden, als wäre er ein Wesen dieser irdischen Welt.

Man weiß alles, man bestimmt alles, man entscheidet alles über den Willen Gottes, so als hätte man mit ihm ein Interview geführt. Obwohl religiös verbrämt, ist dies ein ehrfurchtsloses Reden von Gott, weil es keinen Platz mehr läßt für das Geheimnis, für das Unaussprechliche und Unbekannte. Wer sich so über Gott äußert, heiligt ihn nicht, sondern vertritt eine Art von Theologie und Glaubensverständnis, die die Offenbarung in Dogmen zwängt, die Liebe zu Gott in Vorschriften preßt, das Wirken des Geistes an die Kirche bindet und die Begegnung mit dem Vater auf religiöse Übungen einengt.

Wir heiligen den Namen Gottes nicht, wenn wir Kirchen bauen, mystische Reden halten oder ihm mit Hilfe religiöser Symbole einen offiziellen Platz in der Gesellschaft sichern. Solche Dinge heiligen seinen heiligsten Namen nur dann, wenn sie Ausdruck eines reinen Herzens sind, das Durst hat nach Gerechtigkeit und auf der Suche ist nach Vollkommenheit. Hier ist Gott. Hier ist der wahre Tempel, in dem keine Götzenbilder stehen. In seinem Kommentar zu dieser Stelle des Vaterunsers sagt Origenes treffend: »Denn wer mit seiner Auffassung von Gott Ungehöriges verbindet, der ›gebraucht den Namen des Herrn, seines Gottes, unnütz‹.«[7] Die ethische Qualität unseres Handelns ist also das sicherste Kriterium, wenn wir wissen möchten, ob der Gott, den wir heiligen wollen, wahr oder falsch ist.

Wir heiligen den Namen Gottes, wenn wir durch unser Leben, durch unser solidarisches Handeln dazu beitragen, menschliche Beziehungen herzustellen, die gerechter

[7] *Origenes*, De oratione (PG 11, 493); deutsch: BKV, Bd. 48, München 1926, 83.

und heiliger sind und mit der Gewalt und der Ausbeutung des Menschen durch den Menschen Schluß machen. Gott wird immer dann verletzt, wenn man sein Bild und Gleichnis, das der Mensch ist, verletzt, und er wird immer dann geheiligt, wenn die menschliche Würde der Enteigneten und Vergewaltigten wiederhergestellt wird.

Hier stehen wir vor der Herausforderung einer befreienden Heiligung, die sich darum bemüht, eine Welt zu schaffen, die Gott durch Lebensqualität, die sie herstellen will, objektiv ehrt und verherrlicht. Jahrhundertelang haben die Christen darin nicht ihre Hauptaufgabe gesehen. Heiligkeit hatte zu tun mit dem einzelnen Menschen, der seine Leidenschaften möglichst vollkommen beherrschen, ein reines Herz haben, seinen Geist erheben, sich seinem Bruder zuwenden und dem kirchlichen System mit seiner Hierarchie, seinen Vorschriften und Vervollkommnungsübungen ehrerbietig unterordnen sollte. Das alles hat einen unschätzbaren und unersetzlichen Wert. Persönliche Heiligkeit und ein neues, sich an der Mentalität Jesu orientierendes Herz[8] sind dauernde Forderung an die Christen. Aber diese Verpflichtung ist nicht die ganze Herausforderung, vor die die Christen gestellt sind. Die Wirklichkeit ist nicht nur personal, sondern auch sozial. Aber das Soziale kann nicht individualistisch verstanden, sondern muß sozial begriffen werden, als ein Gewebe von Bezügen, Machtverhältnissen, Funktionen und Interessen, die einmal antagonistisch, asymmetrisch und ungerecht, das anderemal symmetrisch, teilnehmend und brüderlich

---

[8] Vgl. den schönen Text in 1 Kor 6,9—11, in dem es heißt, wir seien geheiligt und gerechtfertigt im Namen des Herrn Jesus Christus und durch den Geist unseres Gottes.

sind. Heute wird Gott der Vater in den sozialen Beziehungen unendlich beleidigt. Gerade auf diesem Gebiet muß sein Name geheiligt werden.

Wer sich bereit findet, zusammen mit den Unterdrückten für deren eingekerkerte Freiheit zu kämpfen, heiligt Gott in der Arena der Geschichte. Wer sich mit den unterprivilegierten Klassen solidarisiert, an der sozialen Entwicklung teilnimmt und ohne zersetzenden Haß hilft, festere Bande der Brüderlichkeit in das soziale Gefüge einzuweben, heiligt den heiligsten Namen Gottes. Wir brauchen heute eine neue Askese, die nicht mehr nur dem Leib gilt, sondern eine Askese, um Diffamierung, Verfolgung, Verhaftung, Folter und die Kündigung des Arbeitsverhältnisses zu ertragen. Mehr als Asketen brauchen wir prophetische und politische Gestalten, die dem Machtmißbrauch entgegentreten, im Namen des Gewissens und der Heiligkeit Gottes ihre Stimme erheben und schreien: »Es ist dir nicht erlaubt ...!« (Mk 6,18) »Du sollst deinen Bruder nicht unterdrücken!« (Lev 25,14). Es gibt heute vor allem in den kirchlichen Basisgemeinden nicht wenige Christen, die diese neue Form der Heiligung der Welt erproben.

Auch Jesus selbst ging diesen Weg. Er verkündete das Reich nicht nur für die kleinen Räume, nicht nur für das Herz, sondern für alle vier Himmelsrichtungen seines Landes und für alle Menschen. Wichtig war für ihn nicht nur ein neuer Mensch, sondern ein neuer Himmel und eine neue Erde. Nicht ohne Grund beschreibt ihn das Neue Testament als den Heiligen Gottes (Lk 4,34; Mk 1,24; Joh 6,69; Apg 3,14), das heißt als den, der die Welt läutert und fähig macht, Gott zu verherrlichen. Er verbindet die Welt der Dinge, der Menschen und der Geschichte mit dem Heiligen und läßt auch sie selbst heilig werden.[9]

Wenn Welt und Mensch geheiligt sind, dann bricht die Herrlichkeit Gottes an. In der Bibel sind ›Herrlichkeit‹ und ›Name‹ häufig zusammen anzutreffen: Es gilt, den Namen Gottes zu verherrlichen (Dtn 3,43; Joh 12,28)! Das heißt: Wir sollen anerkennen, daß Gott Gott ist, wir sollen uns dem heiligen Vater als dem Herrn der Geschichte — trotz all ihren Widersprüchen — anvertrauen. Es ist wichtig, daß in der Welt das Bewußtsein von der wahren Wirklichkeit Gottes erhalten bleibt, daß die Menschen eine religiöse Sprache sprechen, die zum Ausdruck bringt und vermittelt, wer Gott wirklich ist als Ursprung, Sinn und absolute Zukunft aller Dinge. Die Heiligung des Namens des Vaters ist die wesentlichste Aufgabe der Gemeinde der Nachfolger Jesu (der Kirche). Sie feiert seine Gegenwart, seine Größe und seinen Sieg. So ist sie das Sakrament des Vaters und seiner Herrlichkeit in der Welt. Heiligen heißt Gott trotz allen negativen Erfahrungen loben, preisen und verherrlichen. Trotz alledem, trotz allen Zusammenbrüchen und trotz der ungeheuren Barbarei in der Welt wird Gott deutlich genug in der Geschichte manifest, um ihn erkennen und annehmen zu können. Die Tränen töten das Lächeln nicht, und alle Bitterkeit hat die Heiterkeit des Herzens nicht verdrängt. Daß dies gesagt, stets neu bekräftigt und immer wieder gefeiert werden kann,

---

[9] In der Bibel ist alles, was mit dem Heiligen (Gott) in Verbindung steht, durch Teilhabe an ihm selbst auch heilig: das Volk, der Tempel, heilige (geweihte) Gegenstände, das Land, die Menschen usf. Die Heiligkeit darf nie ohne diese Bindung an Gott und in sich selbst betrachtet werden. Gott ist die einzige Quelle aller Heiligkeit: *Tu solus sanctus!*

darin besteht eine der wesentlichen Aufgaben der christlichen Gemeinde.

Die Bitte: ›Geheiligt werde dein Name‹, enthält noch eine eschatologische Komponente. Der Mensch muß in der Geschichte die Erfahrung machen, daß es seine Möglichkeiten übersteigt, eine heilige, vollkommene, gerechte und reine Welt zu schaffen. Wonach er sich am meisten sehnt, das sind Gerechtigkeit, Frieden und Liebe; aber diese Zustände können auf der Erde der Menschen nicht dauernd wohnen. Die Gerechtigkeit als Symmetrie zwischen den Menschen (und nicht einfach zwischen Funktionen und gesellschaftlichen Rollen) wird immer wieder zerbrochen. Der Friede als Ausgleich zwischen Verlangen und Befriedigung, als Abwesenheit von zerstörerischen Antagonismen und als Genuß der Freiheit ist immer bedroht. Die Liebe als Hingabe an den anderen und Gemeinschaft mit ihm unterliegt leicht dem Mechanismus der Gewohnheit, dem Fetischismus der Riten und dem Zwang der Norm. Deshalb wird aus der Bitte ein Hilfeschrei, daß Gott selbst vollende, was die Geschichte allein nicht schafft: die Heiligung von Mensch und Gesellschaft. Gott selbst muß seinen Namen heiligen. Wir fordern ihn auf, sich zu offenbaren und seine befreiende Allmacht und strahlende Herrlichkeit zu bekunden. »Nicht euretwegen handle ich . . ., sondern um meines heiligen Namens willen, den ihr bei den Völkern entweiht habt. Meinen großen, bei den Völkern jedoch entweihten Namen ... werde ich wieder heilig machen« (Ez 36,22—23). Diese Tat bedeutet das eschatologische Ziel der Geschichte. Dann wird Gott wirklich Gott sein, und wir werden in Wahrheit seine Söhne und Töchter sein. Alle werden wir singen, jubeln und preisen: »Wie groß ist doch der heilige Gott in unserer

Mitte« (vgl. Jes 12,6). Dann wird die Bitte verstummen: Geheiligt werde dein Name; denn Gott wird für immer heilig sein.

V. Dein Reich komme

»Die Erfahrung hat uns gelehrt, daß es nicht darauf
ankommt, Herr, Herr zu sagen, um Gutes zu tun und
ins Reich zu kommen. In unserer konkreten Arbeit
in der Fabrik und in den verschiedenen Stadtteilen sind
   wir auf Beispiele
bedingungsloser und selbstloser Hingabe von Menschen
gestoßen, die nicht Herr, Herr sagen. Diese Menschen
sind bereit, ihre Arbeit, ihre Familie und
sich selbst für das Wohl aller zu opfern. In ihnen
lebt das Evangelium und verwirklicht sich der Geist.
Wir haben gelernt, die Menschen nach dem zu beurteilen, was sie sind
und tun, und nicht nach der Institution, zu der sie gehören, oder nach der Lehre, die sie vertreten. Wir möchten alle einladen,
dasselbe zu tun, wenn sie das verstehen wollen, was
schon der Prophet Amos verstand, als er sich gegen die
besondere Erwählung Israels durch Jahwe wandte und
im Tun der Gerechtigkeit die einzige Quelle
des Heils sah.
So verstehen wir unseren Kampf und unseren Glauben.
Wir glauben, daß wir am Aufbau des Reiches mitwir-
ken. Wir von der Arbeiterpastoral und alle, die zusammen mit uns kämpfen. Wir unterscheiden nicht zwischen
Dingen und Menschen. Wir sind nicht der Ansicht, wir
seien die besten. Wir arbeiten mit allen in Gleichheit
zusammen.

Alle, die für den Aufbau des Reiches kämpfen,
werden auch in ihm wohnen. Es wird keine Privilegien
    mehr geben. Die Gerechtigkeit
wird auf den Taten gründen, und diejenigen, die nach
Dogmen urteilen, werden verurteilt werden. Es wird
keinen Platz geben für jene, die im Namen einer Lehre
ihre Brüder und Schwestern abweisen, wie auch für diejenigen, die sich durch ihr Erbe sicher glauben.
Alle werden ihre Häuser bauen und in ihnen wohnen
    können,
alle werden säen und
von ihren Früchten ernten können.«

Kirchliche Basisgemeinde Santa Margarida am
Stadtrand von São Paulo, Arbeiterpastoral,
in: SEDOC 11 (1978) 362—363.

Mit der Bitte: ›Dein Reich komme!‹, stoßen wir jetzt
in das Zentrum des Vaterunsers vor und treffen damit
auch auf das letzte Ziel Jesu. Denn die Verkündigung
des Reiches Gottes bildet den Kern seiner Botschaft und
den Antrieb seines Handelns. Um die Bedeutung dieser
Bitte — die aus den tiefsten Abgründen unserer Angst,
aber auch unserer Hoffnung emporsteigt — erfassen zu
können, müssen wir weit und tief graben. Erst dann
zeigt sie ihre Radikalität und Neuheit.

1. Was ist das Großartigste und Radikalste im Wesen des Menschen?

Was den Menschen vom Tier unterscheidet, ist nicht so
sehr sein Denkvermögen als vielmehr die Fähigkeit,

seine Phantasie zu gebrauchen.[1] Das Tier ist in seinen Lebensraum eingeschlossen, es spiegelt einfach die es umgebende Welt wider. Nur der Mensch deutet die Wirklichkeit, fügt ihr etwas hinzu, die Tatsachen der Geschichte und die Dinge der Welt sieht er als Symbole und Objekte seiner Phantasie. Im Menschen steckt ein Übermaß von Libido, das sich in keinem konkreten Handeln ganz ausschöpfen läßt. Er besitzt eine ständig offene Offenheit, selbst wenn er in Beziehung zur Welt, zu den Mitmenschen und zu sich selbst tritt. Sie findet nur dann eine angemessene Entsprechung, wenn sie sich auf Gott hin orientiert, als den Absoluten, die Liebe und den Sinn, der alles Suchen erfüllt.

Dabei erscheint der Mensch weniger als ein Sein denn als ein Sein-Können. Diese stets jungfräuliche Potenz führt dazu, daß jedes Ziel, sobald der Mensch es erreicht hat, zu einem neuen Anfang wird. Oder richtiger: es stellt sich nur als eine Andeutung dar, jede gegenwärtige Wirklichkeit ist die Vorwegnahme einer anderen, noch zukünftigen Realität. Allein der Mensch träumt, ob er schläft oder wacht, von neuen Welten, von noch brüderlicheren Beziehungen, von einem neuen Himmel und einer neuen Erde. Nur er schafft Utopien. Aber die Utopien sind nicht einfach Hilfsmittel für die Flucht aus den gegenwärtigen Widersprüchen. Vielmehr gehören sie zur besonderen Wirklichkeit des Menschen, der ein Wesen ist, das sich selbst entwirft, das sich die Zukunft ausdenkt, von Versprechen lebt und sich von Hoffnungen nährt. Die Utopien sind es, die das Absurde daran hindern, sich der Geschichte zu bemächtigen, die den Mächten der Bewahrung ihren schicksals-

[1] Vgl. dazu: R. *Alves,* O enigma da religião, Petrópolis 1977.

haften Charakter nehmen und die Gegenwart für eine Zukunft voller Versprechen öffnen. Die Anthropologen sagen, der Mensch sei von einem Prinzip Hoffnung erfüllt.[2] Dieses manifestiert sich in der Erwartung, in der unablässigen Suche nach dem Neuen, dem Grenzenlosen, in dem Kampf gegen die Fakten der Realität, im Warten, im Hoffen auf das Morgen, in den Träumen von einem besseren Leben, von einer Welt, in der es weder Schmerz noch Trauer, noch Wehklagen, noch Tod geben wird, weil das alles vorbei sein wird (Offb 21,4), und im Hoffen auf einen neuen Menschen. Das Prinzip Hoffnung führt uns an das heran, was es an Tiefstem und Radikalstem im menschlichen Wesen gibt, an das, was niemals sterben wird. Denn es stirbt nur, was ist. Was noch nicht ist, kann nicht sterben. Die Hoffnung zielt auf das, was noch nicht ist, was aber durch das Verlangen bereits gegenwärtig ist und durch die Wünsche des Herzens bereits vorweggenommen wird.

Alle Kulturen, angefangen mit den primitivsten bis hin zu den entwickeltsten wie den unsrigen in der Gegenwart, haben ihre Utopien, die die Quelle aller Hoffnungen sind. Wir kennen sie aus der Überlieferung des jüdisch-christlichen Glaubens, die von der Umgestaltung der derzeitigen Welt und allen ihren Verhältnissen sprechen. So ist die Rede von der Versöhnung in der Natur: »Dann wohnt der Wolf beim Lamm, der Panther beim Böcklein, Kalb und Löwe weiden zusammen ... Der Säugling spielt vor dem Versteck der Natter, das Kind steckt seine Hand in die Höhle der

---

[2] Vgl. dazu: *L. Boff*, A ressurreição de Cristo. A nossa ressurreição na morte, Petrópolis [4]1976; *ders.*, Vida para além da morte, Petrópolis [5]1978, 17—26 (Literatur!).

Schlange« (Jes 11,6—8). Gott wird ein neues Herz schaffen und eine neue Erde. »Keiner wird mehr den anderen belehren, und man wird nicht zueinander sagen: Erkennt den Herrn!, sondern sie alle, klein und groß, werden mich so erkennen« (Jer 31,34). Dann »wird es weder Hunger noch Durst mehr geben, und weder Sonnenhitze noch irgendeine Glut wird auf ihnen lasten« (Offb 7,16). Die messianischen Zeiten werden als Zeiten dargestellt, in denen alle diese Utopien endlich erfüllt sein werden. »An jenem Tag werdet ihr nichts mehr fragen« (Joh 16,23), weil Gott auf die endlosen Fragen des menschlichen Herzens die Antwort gegeben haben wird.

Die Hoffnungen werden um so inständiger, je grausamer die Widersprüche dieser Welt sind: »Die Menschen haben die Wahrheit durch Ungerechtigkeit niedergehalten« (Röm 1,18), »sie vertauschten die Wahrheit Gottes mit der Lüge, . . . sie sind voll Ungerechtigkeit, Schlechtigkeit, Habgier und Bosheit, . . . sie sind unverständig und haltlos, ohne Liebe und ohne Erbarmen« (Röm 1,25.29—31). Der Kleine wird ausgebeutet, der Schwache herumgestoßen, der Anständige ausgelacht, und geschichtliche Strukturen von Ungerechtigkeit und Sünde bedrücken alle.

Eine solche Lage bedeutet, objektiv gesehen, eine Herausforderung der Macht Gottes. Ist er nicht der Herr der Schöpfung? Wie ist es möglich, daß so viele Dimensionen von seiner Macht und seiner Ordnung nicht erfaßt werden? Immer sind Propheten aufgetreten, die die Hoffnung nicht sterben ließen. Eines Tages wird Gott eingreifen, alles in seiner ursprünglichen Güte neu schaffen und zu einer Fülle führen, von der die Vergangenheit nicht einmal geträumt hat. Das Alte Testament ist voll von Sätzen wie: »Der Herr wird König sein für immer und ewig« (Ex 15,18); »Ich bin Jahwe, der, der da sein wird« (Ex 3,14); »Ihr werdet sehen, daß ich Jahwe bin« (Jes 42,8; 49,23; Jer 16,21; Ezechiel: insgesamt 54mal). Solche Verheißungen ermutigen zur Hoffnung, ohne jedoch die Bedingungen der konfliktgeladenen Wirklichkeit grundsätzlich zu ändern. Aber sie alle wollen sagen: Gott ist nicht gleichgültig gegenüber den Hilferufen, die zum Himmel steigen. Er ist da und wird zeigen, daß er der Herr ist.

In einem frühen Stadium des Alten Testaments dachte man, Gott werde seine Herrschaft in der Herrschaft des Königs von Israel manifestieren (2 Sam 7,12—16). Der König werde dem Armen Gerechtigkeit verschaffen, der Witwe wieder zum Recht verhelfen, die Waise verteidigen und so die Welt von den größten Ungerechtigkeiten befreien. Aber schon bald zeigten sich alle Laster der Macht bei den Königen, die aufhörten, Stellvertreter Gottes mit dem Titel ›Sohn Gottes‹ zu sein (Ps 2,7; 2 Sam 7,14), so daß die Stämme sich fragten: »Was für einen Vorteil haben wir eigentlich von David?« (1 Kön 12,16). Die Könige entarteten und rissen das ganze Volk mit sich.

In einer späteren Epoche des Alten Testaments dachte man, Gott werde durch einen gut geregelten Kult im Tempel mit seiner Priesterordnung, seinen Opfern und Reinheitsvorschriften die Welt wieder mit sich versöhnen. Gott werde vom Tempel aus herrschen, wo sich die Menschen sozusagen von Angesicht zu Angesicht mit ihm treffen könnten (Ez 40—43). Aber die Propheten protestierten gegen die Illusionen eines Gottesdienstes ohne Umkehr, Brüderlichkeit und Barmherzigkeit (Am 5,21—24). Der Kult, den Gott will, sind die Gerechtigkeit und die Befreiung des Unterdrückten (Jes 1,17). Der lebendige Gott ist weniger ein kultischer als ein ethischer Gott, der die Ungerechtigkeit verabscheut und sich über das Recht freut.

Eine andere Gruppe, die zur Zeit Jesu sehr verbreitet war, erhoffte eine universale Versöhnung durch die Apokalyptik. Apokalyptik — in der Bibel finden sich zwei apokalyptische Bücher, das Buch Daniel und die Johannes-Apokalypse — bedeutet Lehre der Offenbarung. Die Apokalyptiker suchten eine geheime Weisheit, die nur wenigen Eingeweihten zugänglich und offenbart worden war. Mit deren Hilfe deuteten sie die Zeichen der Zeit als antizipierende Hinweise auf eine kosmische Revolution, die den Einbruch des neuen Himmels und der neuen Erde bringen würde. Diese Revolution würde plötzlich kommen und alle Verhältnisse umkehren. Die Unglücklichen würden glücklich werden, die Glücklichen unglücklich, die Armen reich, die Reichen arm, die Verachteten geehrt und die Geehrten verachtet. Mit dieser plötzlichen Veränderung sollte das Ende dieser Welt kommen, und ein neuer Himmel und eine neue Erde sollten anbrechen.

Während die Apokalyptiker hofften, daß das Reich von selbst komme, hielten sich die *Zeloten*, eine andere Gruppe von Eiferern, bereit, es mit Gewalt herbeizuführen. Wieder andere, die tief-frommen Pharisäer, meinten, durch die genaue Beobachtung des göttlichen Gesetzes werde sich das Kommen dieser veränderten Welt beschleunigen. Deshalb befolgten sie alles mit einer neurotischen und für die Schwachen erdrückenden Besessenheit. Ziel ihrer absoluten Gesetzestreue war es, Bedingungen dafür zu schaffen, daß die Verheißungen erfüllt werden könnten.

Aber alles war umsonst! Die Bitte, die an Gott gerichtet wurde, hieß: Dein Reich komme! Es komme die Fülle der Zeiten (vgl. Mt 9,15; Mk 14,41; Gal 4,4)! Voller Vertrauen verkündeten deshalb die Propheten: Der Tag des Herrn kommt (Joel 3,1—5; Mich 4,1—5; Jes 63,4).

2. »Selig die Augen, die sehen, was ihr seht!« (Lk 10,23)

Vor dem Hintergrund dieser Hoffnungen und Ängste ruft Jesus von Nazaret den Menschen zu: »Erfüllt ist die Zeit. Das Reich Gottes steht unmittelbar bevor. Kehrt um und glaubt an das Evangelium!« (Mk 1,15). Jesus verspricht nicht, wie es alle Propheten vor ihm taten, das Reich werde kommen, sondern er sagt, das Reich sei bereits nahe gekommen (Mk 1,15).[3] Die untrüglichen Zeichen dafür, daß das Reich schon anbricht, sind, daß »Blinde sehen, Lahme gehen, Aussätzige rein werden, Taube hören, Tote wiederaufstehen und daß den Armen die Frohe Botschaft verkündet wird« (Lk 7,22). Dies alles hatte Jesus bereits gewirkt und ließ es Johannes dem Täufer ausrichten (Lk 7,21). Der Prophet Jesaja hatte diese Zeichen schon vorausgesagt (Jes 61, 1—2). Jesus kommentiert sie und sagt nachdrücklich: »Heute haben sich diese Schriften vor euren Augen erfüllt!« (Lk 4,21).

Reich Gottes — das ist die Hoffnungs- und Freuden-

---

[3] Vgl. W. *Knörzer*, Reich Gottes, Traum, Hoffnung, Wirklichkeit, Stuttgart 1970; W. *Nigg*, Das ewige Reich, Geschichte einer Hoffnung, München/Hamburg 1967 (Überblick über die geschichtliche Entwicklung der Vorstellung vom Reich Gottes durch die Jahrhunderte).

botschaft, die Jesus verkündet. Das Wort war im Alten Testament nicht oft benutzt worden (Ps 22,29; 45,7; 103,19; 145,11; 1 Chr 29,11; Dtn 2,44; 4,28; 5,28), und dennoch bildet es das Schlüsselwort (*malkuta* im Aramäischen) der Botschaft Jesu. ›Reich‹ bezeichnet dabei nicht ein Territorium, sondern die Herrschaft und Autorität Gottes, die jetzt in der Welt spürbar werden und aus Altem Neues, aus dem Ungerechten einen Gerechten und aus dem Kranken einen Gesunden werden lassen.

Jesus beschreibt nirgends genau den Inhalt des Reiches.[4] Statt dessen benutzt er Gleichnisse, die keinen Zweifel lassen, was der Begriff bedeutet. Reich Gottes ist etwas, was schon immer bekannt ist. Es ist wie ein Schatz, der im Acker verborgen liegt. Wenn ihn jemand findet, verkauft er alles, um den Acker zu kaufen (Mt 13,44). Es ist wie eine wertvolle Perle, zu deren Erwerb es sich lohnt, alles zu opfern (Mt 13,45), wie ein kleines Samenkorn, das wächst und so groß wird, daß die Vögel in dem Baum, der daraus wird, ihre Nester bauen (Mt 13,31; Mk 4,26—32). Das Reich Gottes ist eine Kraft, die alles verändert (Mt 13,33). Aber das Bild, das am häufigsten vorkommt, ist das des Hauses oder der Stadt Gottes, in dem sich die Leute zum Essen und Trinken einfinden (Lk 22,30; Mt 8,11). Die Menschen werden vom Herrn zu Tisch geladen (Mt 22, 1—14), sie treten ein oder können auch hinausgeworfen werden (Mt 5,20; 7,21; 18,3; 19,17.23; 25,21.23). Es gibt Schlüssel, um hineinzukommen (Mt 16,19). Die, die dort wohnen, sind die Kinder des Reiches (Mt 8,12).

---

[4] Vgl. *E. Lohmeyer*, Das Vater-unser, Zürich 1952, 64—68; *J. Jeremias*, Neutestamentliche Theologie. Erster Teil: Die Verkündigung Jesu, Gütersloh ²1973, 99—110.

Dort gibt es viele Wohnungen (Joh 14,2). In dieses Haus und an diesen Tisch sind alle eingeladen, auch Knechte, Behinderte und Randexistenzen (Mt 18,21 bis 35). Sie werden von Osten und Westen kommen und sich zu Tisch setzen (Mt 8,11), und die Gerechten werden wie die Sonne im Reich ihres Vaters leuchten (Mt 13,43). An solchen und anderen Bildern zeigt sich, daß es um einen vollgültigen und absoluten Sinn geht, zu dem Schöpfung und Menschheit gelangt sind.

Drei wesentliche Merkmale charakterisieren das Reich, das Jesus verkündet. Es ist *universal*. Es umfaßt alles. Es ist Befreiung von infrastrukturellen Situationen wie Krankheit, Armut und Tod. Es ist der Wiederaufbau der menschlichen Beziehungen, jetzt ohne Haß und in voller Brüderlichkeit. Es ist ein neues Verhältnis zu Gott als dem Vater all seiner geliebten Söhne. Man kann das Reich Gottes nicht auf eine Dimension dieser Welt reduzieren, nicht einmal auf die religiöse. Jesus betrachtete es als eine teuflische Versuchung, das Reich auf irgendeinen (politischen, religiösen oder wunderbaren: Mt 4,1—11) Ausschnitt aus der Wirklichkeit zu reduzieren. Das Reich erfaßt die *Strukturen*. Es verändert die Wirklichkeit nicht an der Oberfläche, sondern geht bis in die Wurzeln und macht vollkommen frei. Das Reich ist *endgültig*. Denn weil es einen endgültigen und universellen Charakter besitzt, bedeutet es das Ende dieser Welt. Das Reich drückt den letzten und endgültigen Willen Gottes aus. Diese Welt, so wie wir sie erleben und erleiden, kommt an ein Ende. Ein neuer Himmel und eine neue Erde werden entstehen, wo endlich Gerechtigkeit, Frieden und Eintracht aller Kinder im großen Haus des Vaters herrschen werden. So verstehen wir den Ausruf Jesu:

»Selig die Augen, die sehen, was ihr seht!« (Lk 10,23).
Die ältesten Hoffnungen der Menschen fangen an,
Wirklichkeit zu werden. Die Utopie ist nicht mehr
bloß Phantasie und Zukunft, sondern wird strahlende
Realität in der Geschichte. Das Reich ist schon mitten
unter uns (Lk 17,20) und durchdringt alles Sein, so
daß es zu seiner ganzen Fülle gelangen kann: »Die
eschatologische Stunde Gottes, der Sieg Gottes, die
Weltvollendung ist nahe. Und zwar sehr nahe.«[5] Das
Reich Gottes muß als Prozeß verstanden werden. Es ist
schon angebrochen und in der Person Jesu, seinen Worten und seinen befreienden Taten gegenwärtig; gleichzeitig ist es aber offen für ein Morgen, in dem es
erst zu seiner ganzen Fülle gelangen wird. Deshalb
muß man vorbereitet sein. Denn man findet nicht
einfach automatisch Zugang zu dem Reich, man muß
vorher sein Leben ändern. So wird verständlich, weshalb Jesus Umkehr fordert. Das Reich Gottes wird
gegen das Reich des Satans und die noch immer gelten-
den teuflischen Strukturen errichtet. Aus diesem Grund
ist der Konflikt unvermeidlich und die Krise notwendig. Die Menschen werden gedrängt, eine Entscheidung
zu fällen. Die ersten Empfänger sind die Armen. In
ihnen wird die neue Ordnung konkret, nicht wegen ihrer
moralischen Haltung, sondern weil sie sind, was sie sind:
Arme und Opfer von Hunger, Ungerechtigkeit und
Unterdrückung. Jesus will mit seinem Reich dieser
Situation ein Ende setzen. Deshalb ist er für die Armen
und gegen die Armut, für die es in seinem Reich keinen
Platz mehr gibt.[6]

[5] Ebd. 105.
[6] Vgl. *J. Dupont*, Les béatitudes II. La bonne nouvelle, Paris
²1969, 53—90; *E. Samain*, Manifesto de libertação: O discurso-

101

In diesem Zusammenhang ist die Bitte des Vaterunsers zu verstehen: ›Dein Reich komme!‹ Sie vervollständigt die vorausgehende Bitte: ›Geheiligt werde dein Name!‹ Wenn Gott sich alle rebellierenden Dimensionen der Schöpfung unterworfen und alles an sein glückliches Ende gebracht haben wird, dann wird sein Reich vollkommen sein, und sein Name wird durch alle Jahrhunderte hindurch gepriesen werden. Aber dies alles ist noch im Werden. Das Reich ist eine Freude, die wir in der Gegenwart feiern, aber auch eine Verheißung, die sich in der Zukunft erfüllen wird. Es ist Gabe und Aufgabe. Origenes sagt diesbezüglich: »... wenn das Reich Gottes unter uns ist ..., so betet offenbar, wer um das Kommen des Reiches Gottes betet, vernünftigerweise darum, daß das in ihm befindliche Reich Gottes emporwachsen und Frucht bringen und vollendet werden möge.«[7]

3. Das Reich kommt immer noch

Das Reich ist in Leben und Auferweckung Jesu vollgültig gekommen. Mit dem Erscheinen des neuen Menschen wurden die heiligen Beziehungen der Menschen untereinander und mit der Welt offenbar und wurde auch die Bestimmung der Materie erkennbar, die in seinem auferweckten Leib verklärt wurde. Aber die Welt ist noch immer voller Widersprüche und Gewalttätigkeiten. Das Teuflische herrscht, es kann Jesus töten und kreuzigt auch jetzt noch die vielen Menschen, die

programa de Nazaré (Lc 4,16—21): Revista Eclesiástica Brasileira 34 (1974) 261—281, bes. 279 f.
[7] De oratione, 25 (PG 11, 496); deutsch: BKV, Bd. 48, 86.

sich für das Reich des Friedens, der Brüderlichkeit und der Gerechtigkeit einsetzen. Die Tatsache, daß der, welcher der Schöpfung ihren absoluten Wert bringt, abgelehnt wird, gibt uns zu denken. Gott offenbart uns den letzten Sinn seines Werkes: daß nämlich alles sein Reich werden soll. Dabei handelt es sich um ein letztes, übergeschichtliches Ziel, das Gott trotz aller Ablehnung durch die Menschen verwirklicht. Es ist wie mit dem Samenkorn im Gleichnis: »Ob der Mann schläft oder wach ist, ob es Tag oder Nacht ist, der Same keimt und wächst, und der Mann weiß nicht wie« (Mk 4,27). Nicht Ablehnung, Kreuz und Sünde sind die entscheidenden Hindernisse für Gott. Selbst die Feinde des Reiches dienen dem Reich, sogar diejenigen, die Jesus töteten, standen im Dienst der Erlösung der Menschen, die von Gott selbst bewirkt wird.

Aber die Zurückweisung Jesu Christi durch die verhärteten Herzen zeigt die »historischen Möglichkeiten«. Es gibt viele Wege, die ans endgültige Ziel führen, auch solche, die sich vom Ziel entfernen. Die Geschichte wird nicht durch ein einziges Verhaltensmodell oder durch eine einzige Art von Entwicklung bestimmt. Sogar der späte Marx (1881)[8] anerkennt, daß man weder eine Theorie der historischen Gesetze noch eine Theorie der Notwendigkeiten aufstellen kann, ohne vorher eine Theorie des Möglichen aufzustellen, denn hier geht es um das Gebiet der praktischen Möglichkeiten einer bestimmten geschichtlichen Epoche, und dieses Gebiet gestattet nicht nur einen einzigen Sinn, sondern eine begrenzte Bandbreite von Sinngebungen

---

[8] Vgl. den Brief von Marx vom 16. Februar 1881 an Wera Sassulitsch, zitiert in: *M. Godelier*, Marxisme, anthropologie et religion, in: Epistémologie et marxisme, Paris 1972, 223—224.

und Realisierungen. Es gibt also immer verschiedene Möglichkeiten. Das Kreuz Christi zeigt, wie der Mensch, einzeln oder als Gruppe, angesichts des letzten Sinnes der Schöpfung scheitern kann. Aber Gott ist mächtig und barmherzig genug, um noch aus dem Scheitern einen möglichen Weg zur Realisierung werden zu lassen. In ihrer Gesamtheit ist die Schöpfung nicht auf dem falschen Weg, weil Gott endgültig siegt und herrscht.

Es gibt also ein übergeschichtliches Ziel, das uns zugesichert ist und das eschatologische Reich Gottes heißt. Daneben gibt es aber auch alle die innergeschichtlichen Absurditäten und geschichtlichen Möglichkeiten, die es dem Menschen gestatten, nein zu sagen oder sich gänzlich zu verweigern. Aber diese können den glücklichen Ausgang nicht scheitern lassen.

An das Reich Gottes glauben heißt an einen endgültigen und positiven Sinn der Geschichte glauben, heißt behaupten, daß die Utopie realistischer ist als die Last der Fakten, und heißt schließlich die Wahrheit von Welt und Mensch weder in der Vergangenheit noch ganz in der Gegenwart, sondern in der Zukunft sehen. Erst dann wird sie sich in ihrer Fülle offenbaren. Bitten »Dein Reich komme!« bedeutet, die radikalsten Hoffnungen des Herzens lebendig zu machen, damit es nicht von der Brutalität der täglichen Absurditäten besiegt wird, zu denen es im Leben des einzelnen und der Gesellschaft kommt.

Wie wird das Reich Gottes kommen? Für den Glauben gibt es ein untrügliches Kriterium, das das Kommen des Reiches anzeigt: Wenn den Armen die Frohe Botschaft verkündet wird, das heißt, wenn den Verarmten, Ausgeraubten und Unterdrückten allmählich Gerechtigkeit wird. Immer wenn Bande der Brüderlichkeit, der Eintracht, der Teilhabe und der Achtung vor der unverletzlichen Würde des Menschen wiederhergestellt werden, dann bricht das Reich Gottes auf. Immer wenn sich soziale Strukturen in der Gesellschaft durchsetzen, die den Menschen daran hindern, den anderen Menschen auszubeuten, und die das Herr-Knecht-Verhältnis überwinden und die zu größerer Symmetrie führen, dann beginnt die Morgenröte des Reiches Gottes anzubrechen.

In seinem Kommentar zum Vaterunser sagt Augustinus voller Weisheit: »Du bittest also für dich um die Gnade, gut zu leben, wenn du sprichst: Dein Reich komme«.[9] Ein gutes Leben in der Welt antizipiert, beschleunigt, ja verwirklicht schon das Reich Gottes in der Geschichte. Aber das rechte Leben fordert von vielen Entsagung, Hingabe des eigenen Lebens, ja sogar das Martyrium. »Es schreien ja die Seelen der Martyrer unter dem Altar mit Unwillen zum Herrn«, heißt es bei Tertullian zu dieser Vaterunserbitte: »Wie lange noch, o Herr, wirst du unser Blut nicht rächen an den Bewohnern der Erde?« (Offb 6,10). Und weiter heißt es: »Denn die Rache für sie ist vom Ende der Welt abhängig. Ja, recht bald, o Herr, möge dein Reich . . . zu uns kommen . . .«[10] Wir müssen uns der Bitte ›Dein Reich komme!‹ würdig machen. In der Nachfolge Jesu machen wir seine grenzenlose Hoffnung wahrscheinlich und verwirklichen sie im Auf und Ab unseres Lebens. Zutreffend sagt Kyrill von Jerusalem: »Wer in seinem Handeln, Denken und

[9] Sermo 56, IV, 6 (PL 38, 379).
[10] De oratione (PL 1, 1245–1304); deutsch: BKV, Bd. 7, 247–273, hier: 253.

Reden sich reingehalten hat, wird zu Gott sagen: ›Es komme dein Reich!‹«[11]

Die Bitte: ›Dein Reich komme!‹, ist ein Appell, der aus radikalster Hoffnung geboren wird, der die Erfahrung zwar dauernd widerspricht, die aber niemals aufhört, sich nach der Offenbarung eines absoluten Sinns zu sehnen, den Gott in seiner ganzen Schöpfung verwirklichen will. Wer so betet, gibt sich vertrauensvoll dem hin, der sich als stärker erwiesen hat als der Starke (Mk 3,27) und deshalb auch die Macht hat, das Alte in Neues zu verwandeln und einen neuen Himmel und eine neue Erde zu schaffen, wo alle mit allen und allem versöhnt sein werden. Wegen dieser Verheißung können wir schon jetzt dankbar sein, denn die Bitte ›Dein Reich komme!‹ wird schon jetzt erhört und erfüllt: »Wir danken dir, Herr und Gott und Herrscher des Alls, der du bist und der du warst, denn du hast deine große Macht empfangen, um deine Herrschaft zu errichten« (Offb 11,17).

[11] V. Mystagogische Katechese (PG 33, 1109—1128); deutsch: BKV, Bd. 41, München 1922, 382—391; hier: 387.

VI. Dein Wille geschehe...

... Und die Frau, die ich seit Jahren kannte, rief mich beiseite und sagte in einem geheimnisvollen Ton: »Herr Pfarrer, ich möchte Ihnen ein Geheimnis zeigen. Kommen Sie!«

Wir gingen in das Zimmer.

Im Bett ihr Kind. Ein Monstrum.

Der Kopf so groß wie der eines Erwachsenen...

Der Körper so klein wie der eines Säuglings.

Der Blick haftete an der Zimmerdecke.

Die Zunge streckte es heraus und zog sie ein wie eine Schlange.

»Mein Gott!«, rief ich und stöhnte.

»Herr Pfarrer«, sagte die Frau, »ich pflege meinen Jungen schon seit acht Jahren. Er kennt nur mich. Ich hab' ihn sehr lieb. Fast niemand weiß von ihm.«

Ungestüm sagte sie: »Gott ist gut. Gott ist Vater...«

Und beruhigt sah sie nach oben:

»Dein Wille geschehe, wie im Himmel, so auf Erden.«

Nur das sagte sie. Und sie sagte damit alles.

Ich ging, ohne ein Wort zu sagen. Betroffen. Niedergeschlagen wegen des Jungen, beeindruckt wegen der Mutter.

Nur ein Wort kam mir in den Sinn:

»Frau, du hast einen großen Glauben« (Mt 15,28).

Um die dritte Bitte des Vaterunsers[1]: ›Dein Wille geschehe, wie im Himmel, so auf Erden‹ begreifen zu können, müssen wir sie im Zusammenhang der Überlegungen deuten, die wir bisher geführt haben. Es geht um den Menschen, der seinen Blick zum Himmel erhebt und auf Gott schaut. Im Elend dieser Welt und gegenüber der Verneinung eines Sinns der Geschichte wagt er es, zum Himmel zu schreien und zu bekennen: ›Vater unser!‹ Die Welt erkennt Gott nicht an, sondern lästert seinen heiligen Namen (seine Realität). Leidenschaftlich bitten wir: ›Geheiligt werde dein Name!‹ Der neue Himmel und die neue Erde haben schon begonnen mit dem Kommen, mit der Botschaft und der Gegenwart Jesu. Das Reich befindet sich bereits im Prozeß der Verwirklichung. Aber wir empfinden es schmerzlich, daß die Fülle des Reiches noch aussteht. In angstvoller Erwartung beten wir: ›Dein Reich komme!‹

So sehr wir auch bitten und uns bemühen, den Spuren Jesu zu folgen, wir spüren nichts davon, daß das Reich näher kommt. Der Antichrist ist nach wie vor am Werk, und das Teuflische hat noch immer seine Anhänger. So kann uns das Gefühl der Verzweiflung ergreifen: Warum zögert Gott? Was ist letztlich sein Wille? In dieser Situation beten wir: ›Dein Wille geschehe, wie im Himmel, so auf Erden!‹ Aber was bedeutet diese Bitte? Es geht darum, zu wissen, was der Wille Gottes eigentlich ist, wie unser eigener Wille dem Willen Gottes entspricht und welchen Wert die Geduld in der Geschichte besitzt.

[1] Gründliche Exegesen dieser Bitte finden sich bei den schon zitierten Autoren: O. Dibelius, E. Lohmeyer, O. Kuss, H. van den Bussche, A. Hamman, J. Jeremias, R. E. Brown. Weitere Literatur am Schluß dieses Buches.

1. Was ist der Wille Gottes?

Das ist eine der grundsätzlichsten Fragen, die sich jeder religiöse Mensch stellt. Er nimmt sich vor, den Willen Gottes zu erfüllen. Was aber ist dieser Wille konkret in dieser ganz bestimmten Situation? Wo kann ich ihn erfahren?

Ehe wir die Frage zu beantworten suchen, muß an eine Erfahrung erinnert werden, die ihr vorausgeht und die der Bitte ›Dein Wille geschehe, wie im Himmel, so auf Erden!‹ zugrunde liegt. Wer so betet, geht davon aus, daß die Welt den Willen Gottes nicht tut und daß die Menschen sich dem Willen Gottes widersetzen. Und in der Tat, so, wie sich die menschliche Geschichte darstellt, kann sie dem Willen Gottes nicht entsprechen. Die Gerechtigkeit wird mit Füßen getreten, die Reichen werden zunehmend reicher auf Kosten der Armen, die immer mehr zum bloßen Brennstoff für den Produktionsprozeß der wirtschaftlichen und gesellschaftlichen Eliten herabgewürdigt werden. Nur wenigen Menschen wird ein eigenes Lebensprojekt gelassen. Die meisten können nicht das tun, was sie möchten oder was ihnen entspräche, sondern sind gezwungen, das zu tun, was ihnen ihre soziale Situation auferlegt. So erhebt sich ein schweigender, aber eindringlicher Protest zum Himmel, ausgelöst durch das Übermaß des Leidens und der Unterdrückung des Menschen durch den Menschen und die Ausbeutung der Schwachen durch die Mächtigen. Die Phantasie reicht nicht aus, sich die seelischen Qualen vorzustellen und sie zu vertreiben, die Millionen Menschen bedrücken, die vom Weinen schwach geworden und von Tränen erstickt sind. Der Mensch steht vor beinahe unüberwindlichen Schwierigkeiten, zu sich selbst ja zu sagen. Auf dem Weg zum Mitmenschen stößt er auf Hindernisse, die er kaum auszuräumen vermag. Wenn er betet: ›Dein Wille geschehe!‹, dann muß er alle Versuchungen der Hoffnungslosigkeit, die diese Situation auslöst, überwunden haben.

Andere Menschen protestieren schweigend und weigern sich, den Willen Gottes zu tun. Es gibt den bösen Willen und den Egoismus, der darin besteht, den eigenen Willen zu tun, ohne sich zu fragen, ob er mit dem Willen Gottes übereinstimmt oder nicht. Nicht selten ist der Protest offen wie bei den vielen Ijobs in der Geschichte, die sich weigern, in dem dunklen Bild der Widersprüche, die die Geschichte nicht beseitigen kann, einen lenkenden Willen zu erblicken. Um bitten zu können: ›Dein Wille geschehe!‹, braucht man die Fähigkeit, von sich selbst abzusehen, trotz aller menschlichen Bosheit an die Kraft der göttlichen Liebe zu glauben und darauf zu vertrauen, daß der böse Wille durch die göttliche Barmherzigkeit besiegt werden kann.

Alle diese Töne, die in der dritten Bitte des Vaterunsers mitschwingen, müssen wir wahrnehmen. Aber wir beabsichtigen hier nicht, alle wichtigen Fragen zu behandeln, vor die uns das Problem des Willens Gottes stellt. Wir wollen bei dem Gebet Jesu, dem Vaterunser, bleiben. Was ist für Jesus der Wille Gottes? Die Antwort ist auf drei Ebenen zu suchen, die voneinander unterschieden und einzeln behandelt werden müssen.

a. Der Wille Gottes ist die Errichtung des Reiches

Für Jesus besteht der eindeutige Wille Gottes in der Begründung des Reiches Gottes. Deshalb bildet die Verkündigung des Reiches das zentrale Thema seiner Predigt, wie wir das oben schon besprochen haben. Gott will der Herr seiner Schöpfung sein und ist es auch in dem Maße, in dem er sich alle ungeordneten Elemente der Schöpfung (Krankheiten, Ungerechtigkeiten in den menschlichen Beziehungen, Machtmißbrauch, Tod und — mit einem Wort — die Sünde) unterwirft und alles zu seiner Fülle führt. Dann und erst dann wird das Reich errichtet sein. Die Befreiung der Schöpfung und ihre höchste Verherrlichung ist das Ziel des unabweisbaren Willens Gottes. Jesus verkündet nicht nur diesen Willen, er erfüllt ihn auch mit seinen Taten. In diesem Sinn wiederholt und verstärkt die dritte Bitte ›Dein Wille geschehe!‹ die vorgehende zweite ›Dein Reich komme!‹. Lukas läßt diese Bitte in seiner Version des Vaterunsers aus, vielleicht weil sie der zweiten Bitte nichts hinzufügt. Im übrigen heißt es im griechischen Original: »*Genethéto* — Dein Wille ereigne sich!«, eine Formulierung, die ebenso für das Reich verwendet wird. Im Johannesevangelium sagt Jesus eindeutig: »Meine Speise ist es, den Willen dessen zu tun, der mich gesandt hat, und sein Werk zu vollenden« (Joh 4,34). An einer anderen Stelle bekräftigt er: »Ich folge nicht meinem Willen, sondern dem Willen dessen, der mich gesandt hat« (Joh 5,30). Er stellt ganz klar, wobei er dem Ausdruck ›Reich‹ eine Abrundung gibt: »Der Wille dessen, der mich gesandt hat, verlangt, daß ich keinen von denen, die er mir gegeben hat, verliere, sondern daß ich sie auferwecke am letzten Tag« (Joh 6,39).

Niemanden verlieren und jeden einzelnen zur Fülle des Lebens führen, das ist die Bedeutung des Ausdrucks ›Reich Gottes‹. Im Epheser-Brief wird eine andere Wendung benutzt, um dieselbe Vorstellung vom Reich auszudrücken, das Gott herbeiführen will: »Gott hat uns das Geheimnis seines *Willens* kundgetan, wie er es im voraus gnädig bestimmt hatte: In Christus wollte er die Fülle der Zeiten herbeiführen, in Christus alles vereinen, alles, was im Himmel und auf Erden ist« (Eph 1,9—10). Verwirklicht werden das Reich und der Wille Gottes also dann, wenn alles zu seiner Einheit und Vollendung gelangt. Die Vermittlung dazu ist Jesus Christus, der den Willen und das Reich Gottes verkündet und verwirklicht.

Dieses Reich wird gegen das Reich des Satans errichtet, der das greifbare Nein gegen den Willen Gottes darstellt. Er ist der Fürst dieser Welt (Joh 12,31; 14,30; 16,11; Eph 2,2), das heißt, er verfügt noch über Macht und hält seine Herrschaft aufrecht. Jesus tritt ihm in seinem öffentlichen Leben, mit seinen Worten und Taten entgegen (Lk 11,20; Mk 3,22—31) und fügt ihm durch seinen Kreuzestod die schwerste Niederlage zu (Joh 12,31; 14,30; 16,11; 1 Kor 2,8). Doch bleibt er der große Widersacher (2 Kor 4,4; 2 Thes 2,7). Am Ende aber wird er für immer besiegt werden (Offb 20,10).

Wer in diesem Sinn bittet, der Wille Gottes möge geschehen (kommen), der fleht darum, daß Gott selbst sein Reich verwirklicht. Mit Jesus hat er es in der Öffentlichkeit der Geschichte schon anbrechen lassen. Unter diesem Gesichtspunkt hängt das Reich nicht von den Menschen ab; es ist ja das Reich *Gottes*. Gott wird aber seinen ewigen Plan (Eph 1,4), der darin besteht, aus der Schöpfung den Ort seiner Gegenwart, seiner Herrlichkeit und seiner Liebe zu machen, Wirklichkeit werden lassen. Wenn wir beten: ›Dein Reich komme!‹, dann bitten wir darum, daß dies bald geschieht und daß Gott nicht zögert, zu tun, was er sich selbst vorgenommen hat.

b. Der Wille Gottes: daß der Mensch lebe!

Wir betrachten den Willen Gottes, insofern er etwas von Gott selbst, sein Reich und sein Heilsplan, ist. Dabei hat der göttliche Wille nicht nur einen objektiven, sondern auch einen subjektiven Aspekt, soweit er von den Menschen angenommen und verwirklicht wird. Das Reich (als objektiver Wille Gottes) ist grundsätzlich ein Geschenk und ein Angebot. Gott hat uns immer zuerst geliebt (1 Joh 4,19). Aber das Reich hat, wie alles, was von Gott kommt, den Charakter eines Vorschlags, nicht den des Zwangs, es ist eine Einladung und nicht ein Befehl. Der Grund dafür liegt darin, daß Gott Liebe ist (1 Joh 4,8.16), und das Gesetz der Liebe ist freie Hingabe, Angebot ohne Gewaltanwendung und Annahme in Freiheit. Der Mensch muß sich dem Geschenk Gottes öffnen. Die Schrift nennt dieses Handeln des Menschen ›Umkehr‹. Sie ist notwendig, damit das Reich erfolgreich in unsere Welt kommen und Geschichte werden kann.[2] Deshalb sagt Jesus in seiner ersten Verkündigung an, das Reich sei schon im Kommen, und fordert die Menschen zugleich auf: »Kehrt um und glaubt an diese frohe Nachricht!« (Mk 1,15).
Das Reich kommt nicht von selbst, es erfordert die Mitarbeit des Menschen. Es ist zwar Reich Gottes, muß aber auch Reich des Menschen werden. Gott rettet Welt und Menschheit nicht allein, sondern nimmt in sein messianisches Vorhaben auch die Menschen mit hinein, so daß einer für den anderen Heilssakrament ist. Und diese Verbindung ist so entscheidend, daß von

---

[2] Vgl. *L. Boff*, Paixão de Cristo — Paixão do mundo, Petrópolis ²1978, 28 f.

ihr das ewige Heil des Menschen abhängt. Es geht also um ein *Tun*, und nach diesem Tun wird uns der höchste Richter dann auch beurteilen. Dieses Tun ist vor allem Beistand für die Unterdrückten, Solidarität mit ihnen und Befreiung für sie: »Was ihr für einen meiner geringsten Brüder *getan* habt, das habt ihr mir *getan* ... Was ihr für einen dieser Geringsten *nicht getan* habt, das habt ihr auch mir *nicht getan*« (Mt 25,40.45). Es genügt nicht, Herr, Herr zu sagen und zu meinen, damit das Geheimnis Jesu aufgedeckt zu haben, der sich hinter der Zerbrechlichkeit einer schwachen und wenig messianisch anmutenden Existenz verbirgt. Erlöst werden kann nur wirklich der, »der den Willen meines Vaters tut, der in den Himmeln ist« (Mt 7,21). Worin aber besteht dieser Wille? Die Antwort ist ganz einfach: die Nachfolge Jesu leben, »die gleiche Gesinnung haben, die er hatte« (Phil 2,5), und sich nach dem Geist der Seligpreisungen und der Bergpredigt ausrichten (Mt 5—7). Wer Umkehr so lebt, erfährt eine wahre Wiedergeburt, »wer nicht neugeboren wird, kann das Reich Gottes nicht schauen« (Joh 3,3).

Gott will also nicht den Tod des Sünders, sondern daß er sich bekehrt und lebt (Ez 18,23.32; 33,11; 2 Petr 3,9). Der »gute, angenehme und vollkommene« Wille Gottes besteht darin, »sich nicht dieser Welt anzupassen, sondern sich zu wandeln und sein Denken zu erneuern« (Röm 12,2). Paulus faßt das alles in einem einzigen Satz zusammen: »Der Wille Gottes ist eure Heiligung« (1 Thess 4,3). Wir haben die Zusage, daß, »wer den Willen Gottes tut, in Ewigkeit bleibt« (1 Joh 2,17). Darüber hinaus haben wir noch das Versprechen, daß Gott den Menschen nicht verläßt, der auf der Suche ist und der, »solange er noch auf Erden lebt, nicht mehr nach den Begierden des Menschen, sondern nach dem Willen Gottes« zu leben sich bemüht (1 Petr 4,2). Er macht uns tüchtig in allem Guten, damit wir seinen Willen tun (vgl. Hebr 13,21); denn schließlich ist er es, der »das Wollen und das Tun« gibt (Phil 2,12).

Wenn wir beten: ›Dein Wille geschehe!‹, dann sagen wir also damit: ›Dein Wille geschehe durch uns! Wir sagen, daß wir dem Angebot und dem Geschenk deines Reiches treu bleiben, daß wir versuchen, dem Neuen in Botschaft, Haltung und Leben Jesu Christi zu entsprechen.‹ Jedesmal, wenn jemand den Willen Gottes tut, und nicht nur für sich, sondern auch für die Welt, ist das Reich Gottes gekommen.[3]

c. Der Wille Gottes: vertrauensvolle Hingabe

Der Wille Gottes enthält noch eine weitere Komponente. Er fordert nämlich auch Geduld, demütige Hingabe an das Geheimnis Gottes, ja sogar Selbstaufgabe. Wohl wissen wir, worin der Wille Gottes besteht: in der Verwirklichung des Reiches von seiten Gottes und von seiten des Menschen. Aber auch dieses Wissen macht es uns nicht leichter, zu verstehen, warum der neue Himmel und die neue Erde noch immer auf sich warten lassen. Warum verwirklicht Gott nicht sofort seinen Willen? Warum veranlaßt er die Menschen nicht, sich rascher auf ein Leben nach den Erfordernissen des Reiches einzustellen? Die Geschichte schleppt sich noch immer in ihrem beschwerlichen Auf und Ab dahin, mit all ihren Absurditäten, ihrem Mechanismus von Un-

---

[3] In ihren Kommentaren zum Vaterunser bevorzugen die Kirchenväter diese Deutung. Vgl. *A. Hamman*, Le Pater expliqué par les Pères, Paris 1952.

gerechtigkeit und Sünde und mit den ständigen Fragen, die die Menschen zum Himmel schicken. Diese Erfahrung wird noch bedrückender, wenn wir uns vergegenwärtigen, daß häufig gerade die besten Vorhaben, die ehrlichsten Absichten und die heiligsten Anliegen scheitern. Nicht selten wird der Gerechte an den Rand geschoben, der Weise lächerlich gemacht und der Heilige besiegt. Der Leichtfertige triumphiert, der Unehrliche gewinnt das Spiel, und der Bösewicht bestimmt das Schicksal einer ganzen Gruppe.

Wer unter solchen Bedingungen betet: ›Dein Wille geschehe!‹, muß sich ganz dem geheimnisvollen Heilsplan Gottes anvertrauen. Es gibt eine Selbstaufgabe, die nicht in der Wahl des leichtesten Weges, sondern in der Entscheidung für den weisesten Weg besteht, wobei zu bedenken ist, daß sich wahre Weisheit nicht an den Kriterien unserer begrenzten Vernunft, sondern am Maßstab der Weisheit Gottes mißt, die so hoch über uns ist wie der Himmel über der Erde. Um den geheimnisvollen Plan Gottes anzunehmen, auch dann, wenn wir nichts sehen und verstehen, bedarf es der Verleugnung der eigenen Wünsche und des eigenen Ichs. Es erfordert die Absage an den eigenen Willen, und sei er noch so ehrlich und wahrhaftig. Ein titanenhafter Wille, der zwar allem trotzt, sich aber nicht einem Größeren ergeben kann, ist kein Ausdruck großer Menschlichkeit. Die Größe des Geistes besteht darin, anzuerkennen, daß seine Flüge einmal enden und daß seine Kräfte ihre Grenzen haben. Diese menschliche Bedingtheit eröffnet die Möglichkeit für ein demütiges Sichhingeben an einen Plan, der uns zwar übersteigt, der aber auch jeden einzelnen von uns und die ganze Schöpfung umfaßt.

Wer betet: ›Dein Wille geschehe!‹, betet darum, daß Gottes Wille geschieht, so wie Gott will, daß er geschieht. Das hat nichts mit Jammern oder Hoffnungslosigkeit zu tun, sondern bedeutet vertrauensvolle Hingabe, so, wie sich ein Kind in die Arme seiner Mutter wirft. Gott ist Vater und Mutter von unendlicher Güte. Er hat seinen ewigen Plan, wir dagegen haben nur Projekte. Wie Kinder, die noch nicht alle Gebärden ihrer Eltern und das ganze Gewicht ihrer Worte verstehen, so erfassen auch wir — solange wir noch unterwegs sind — nicht alle Dimensionen der Geschichte und begreifen nicht den vollen Sinn, den sie verwirklicht. Ohne Bitterkeit anerkennen wir, daß unser Blick begrenzt ist, und überlassen uns dem, der Anfang und Ende ist und in dessen Hand der Plan aller Wege liegt. Schon die antiken Philosophen unserer westlichen Kultur bezeugen eine solche Selbstaufgabe: Seneca, Epiktet, Sokrates, Mark Aurel und andere.[4] Auch im Alten Testament ist sie nicht unbekannt (vgl. 1 Sam 3,18; Tob 3,6; Ps 135,6; 143,10; Weish 9,17—18; 1 Makk 3,60; 2 Makk 1,3—4). Dem Verfasser des Hebräerbriefs zufolge »sagt Jesus beim Eintritt in die Welt: Schlacht- und Speiseopfer hast du nicht gefordert, doch einen Leib hast du mir geschaffen; an Brand- und Sündopfern hast du kein Gefallen. Da sagte ich: Ja, ich komme . . ., deinen Willen, Gott, zu tun« (Hebr 10,5—7). Als Jesus im Garten Getsemani erkennt, daß sein gewaltsamer Tod unvermeidbar geworden ist, befällt ihn tiefe Angst. Dennoch siegt die gelassene Hingabe an den Willen Gottes: »Vater, wenn du es willst, nimm diesen Kelch von mir! Aber nicht mein, sondern dein

---

[4] Vgl. die entsprechenden Zitate bei *E. Lohmeyer*, Das Vaterunser, Zürich 1952, 77.

Wille geschehe!« (Lk 22,42). Hier offenbart sich uns die tiefe und echte Menschlichkeit Jesu. Wie wir, so ist auch er als ›Pilger‹ auf dem Weg. Auch er hat Ängste vor dem Unbekannten, vor einem Schlag, vor allem, was kommt, und vor jedem Schritt, den der Wille Gottes gebietet.

Offensichtlich weiß Jesus, was der Wille Gottes ist. Wegen seiner menschlichen Bedingtheit, die noch nicht in die Fülle des Reiches Gottes eingegangen ist, wo alles transparent werden wird, ist er konkret auf der Suche nach dem, was hier und jetzt der Wille Gottes sei. Welchen Schritt soll er tun? Wie verwirklicht er am besten den Willen Gottes, den er kennt? Jesus steht vor den Grenzen sowohl des Menschseins als auch der eigenen Angst. Er ist das Opfer der Wut derer, die seine Botschaft nicht annehmen. Aber er akzeptiert seine Situation und ruft nicht nach den himmlischen Mächten, die für ihn bereitstehen (vgl. Mt 26,53). In diesem Zusammenhang ist eine Stelle des Hebräerbriefs erhellend, die belegt, daß auch Jesus das Gegebene annimmt. Sie soll hier so übersetzt werden, daß sie dem Sinn des griechischen Originals möglichst nahe kommt: »Er hat in den Tagen seines Fleisches Bitten und Flehen mit lautem Rufen und unter Tränen dem dargebracht, der ihn aus dem Tod erretten kann, und ist aus seiner Angst erhört worden. Und obschon er Sohn war, hat er aus seinen Leiden Gehorsam (hypakoé) gelernt und wurde nach seiner Vollendung für alle, die ihm gehorchen, Urheber des ewigen Heils und wurde von Gott als Hoherpriester nach der Ordnung des Melchisedech bezeichnet« (Hebr 5,7—9).

Deshalb überrascht es nicht, daß — nach Lukas — das letzte Wort Jesu ein Ausruf völliger Hingabe ist: »Vater, in deine Hände empfehle ich meinen Geist« (Lk 23,40). Es ist dies der Ausdruck radikaler menschlicher Freiheit: Hingabe an einen Größeren, bei dem der letzte Sinn alles Suchens liegt und der das Warum auch alles Scheiterns weiß. Wenn wir in unserer Alltagssprache so gern sagen: »So Gott will ...«, dann hat das eine tiefe theologische Wurzel (vgl. Röm 1,10; 15,32; 1 Kor 4,11; 16,7.12; Apg 18,21; Jak 4,15). Denn dieser Wendung liegt die Überzeugung zugrunde, daß der wahre Mittelpunkt des Menschen nicht das eigene Ich, sondern das (göttliche) Du ist. Nur wer sich in diesem Zentrum leiten läßt, ist auf dem richtigen Weg. Dann geschieht der Wille Gottes, das Reich ist schon nahe gekommen.[5]

2. Wie im Himmel, so auf Erden

In der Sprache des Vorderen Orients und des Alten Testaments bezeichnen ›Himmel‹ und ›Erde‹ das räumliche Gesamtgefüge der göttlichen Schöpfung (vgl. Mt 5,8; 24,35). Deshalb ist Gott der »Herr des Himmels und der Erde« (Mt 11,25), und der auferstandene Christus empfängt die Gewalt über Himmel und Erde (vgl. Mt 28,18). Zu bitten: ›Dein Wille geschehe, wie

---

[5] In seinem Vaterunser-Kommentar weist *Tertullian* darauf hin, daß »(wir uns) mit dieser Bitte ... selbst zur Geduld ermahnen« (De oratione [PL 1,1260]). Und *Cyprian* betont: »Wir fügen auch noch die weiteren Worte hinzu: ›Dein Wille geschehe im Himmel und auf Erden‹, nicht etwa, damit Gott tun kann, was er will, sondern, damit wir zu tun vermögen, was Gott will« (De oratione dominica [PL 4, 545]; deutsch: BKV, Bd. 34, 177). Siehe *A. Hamman*, Le Pater expliqué par les Pères, 19.33.

im Himmel, so auf Erden!‹, bedeutet: Der Wille Gottes soll überall und zu allen Zeiten getan werden. Das Reich Gottes ist kein Ausschnitt aus der Schöpfung und wird es auch nicht sein, sondern die ganze (Himmel und Erde) verklärte Schöpfung. Der Wille Gottes umfaßt also das Gesamt seiner Schöpfung. Anderseits können sich die Umkehr des Menschen und seine Heiligung (das heißt: die Verwirklichung des göttlichen Willens durch den Menschen) nicht allein auf die eine oder andere Dimension des menschlichen Lebens beschränken, etwa nur auf das Herz, also allein auf den religiösen und ethischen Bereich. Die Heiligung muß alle Bereiche erfassen, in denen sich die menschliche Existenz entfaltet.

Heute haben wir ein besonderes Gespür für die Sünde der Strukturen und der sozialen Ungerechtigkeiten. Deshalb achten wir darauf, daß Heiligkeit sich auch in den sozialen Beziehungen und in den wirtschaftlichen, politischen und kulturellen Verhältnissen verwirklicht. Kein Bereich darf sich vor der Umgestaltung verschließen, wie sie dem Reich Gottes entspricht. In allem muß die Neuheit des neuen Himmels und der neuen Erde zu wirken beginnen. Diese und ähnliche Forderungen sind in der Formel ›wie im Himmel, so auf Erden‹ enthalten. Das heißt, daß der Wille Gottes in allem und jedem getan werden muß.

Anderseits erlaubt uns die Zuordnung ›wie im Himmel, so auf Erden‹ noch einen weiteren Schritt in der Interpretation. Nach der Vorstellung der Bibel herrscht Gott bereits jetzt im Himmel. Dort hat er seinen Thron (Jes 66,1; Mt 5,34—35; Ps 103,10—21). Alle Bewohner des Himmels (Engel und Gerechte) tun ganz den Willen Gottes, wie es ausdrücklich im Psalm 103 heißt. Die

Erde hingegen ist der Ort, wo man sich dem Willen Gottes widersetzt, wo Gott seine Langmut zeigt und Geduld mit der geschichtlichen Entwicklung hat (vgl. Röm 3,27). So will also die Bitte zum Ausdruck bringen: So, wie im Himmel bereits der Wille Gottes befolgt wird, soll er auch möglichst bald auf der Erde getan werden. Das Reich, das im Himmel schon siegreich ist, soll auch auf der Erde begründet werden! Origenes deutet diese Bitte geistvoll: »Deshalb werden wir, wenn der ›Wille‹ Gottes so ›auch auf Erden geschieht‹, wie er ›im Himmel geschehen ist‹, alle zu ›Himmel‹ werden.«[6]

Dann wird alles zu seiner vollen Versöhnung gefunden haben. Der Himmel wird bis auf die Erde herabreichen, und die Erde wird bis an den Himmel gehen. Dann wird schließlich das Ende sein: Gott wird alles in allem sein (1 Kor 15,28). Solange es aber noch nicht so weit ist, muß immer und überall gebetet werden: ›Dein Wille geschehe! Dein Wille geschehe, wie im Himmel, so auf Erden!‹

[6] *Origenes*, De oratione, 26 (PG 11, 505/506); deutsch: BKV, Bd. 48, 95.

VII. Unser tägliches Brot
gib uns heute

Es ist früh, wie jeden Morgen,
Kinder streiten sich mit Hunden
um Mülltonnen.
Alles wird durchgewühlt,
'rein und 'raus,
Speisereste aus dem Müll,
sie teilen sich mit Hunden
das verfaulte Brot aus dem Müll.
Eine Hundewelt
ohne Herz.
Das ist die Art und Weise, die Gott gefunden hat,
das Gebet
dieser armen hungrigen Kinder:
»Unser tägliches Brot gib uns heute«
aufzunehmen.

An diesem Tag, nein,
in dieser Woche
war das Brot auf unserem Tisch
nicht mehr das alte.
Bitter war das Brot,
voller Lästerungen der Armen,
die für Gott Bitten sind.
Und erst dann wurde es süß und gut,
als es geteilt wurde
mit den hungernden
Kindern und Hunden.

Diese vierte Bitte stellt einen Wendepunkt im Gebet des Herrn dar. Im ersten Teil wandte sich das Auge zum Himmel: zu der göttlichen Wirklichkeit Gottes, der der transzendente (im Himmel) und zugleich nahe (unser) Vater ist, der immer geheiligt werden muß, zu dem Reich, das kommen und greifbare Geschichte werden muß, so daß der letzte Wille Gottes erfüllt werden kann. Der Ton war feierlich, und die Sätze klangen wie Kadenzen. Im jetzt beginnenden zweiten Teil geht der Blick zur Erde und zu den Menschen mit seinen Bedürfnissen: das Brot, das wir für unser Leben brauchen, die Vergebung, die wir für mangelndes brüderliches Verhalten erbitten, die Kraft, die uns vor der Versuchung schützen soll, und die Befreiung von dem Bösen. Die Sätze sind länger geworden, und der Ton drückt die Bedrängnis aus, in der das menschliche Leben steckt. Im ersten Teil ging es um die Sache Gottes, im zweiten geht es um die Sache des Menschen. Beide sind Gegenstand des Gebets. In diesem zweiten Teil findet sich nichts von Mystifizierung oder Spiritualisierung, sondern es geht um das menschliche Leben in seiner geschichtlichen, infrastrukturellen, biologischen und gesellschaftlichen Wirklichkeit, die stets aufs neue bedroht ist. Es beschäftigt freilich nicht nur den Menschen, sondern auch Gott nimmt Anteil daran. So wird es auch zum Thema von Gebet und Bitte. Deshalb besteht zwischen der Vertikalen Gottes und der Horizontalen des Menschen absolut kein Widerspruch. Beide treffen sich unter dem Regenbogen des Gebets. Die unverwechselbare Einheit des Materiellen mit dem Geistigen und des Menschlichen mit dem Göttlichen bildet die Kraft des Geheimnisses der Inkarnation. Im Reich Gottes vereinen sich Materie und Geist, Mensch und Kosmos, Schöpfung und Schöpfer. Wie sollte es uns da wundern, daß im Gebet des Herrn das eine mit dem anderen verbunden wird? Neben dem Erhabensten stoßen wir auf das Gewöhnlichste. Das Alltägliche, Offensichtliche und Gewöhnliche, wie etwa das Brot, hat sein Recht sowohl vor den Augen Gottes als auch vor den Augen des Menschen. Das Vaterunser bekräftigt diese Wahrheit entschieden gegen alle Formen des Spiritualismus.[1]

1. Das Brot: Die göttliche Dimension der Materie

Die Bitte beginnt mit dem Wort ›Brot‹. Wir wollen das Wort an sich auf uns wirken lassen, bevor wir uns seinen Attributen (unser, täglich) zuwenden. Das Wort *Brot* besitzt einen Bedeutungsinhalt, der kaum tiefer sein könnte. Es schließt einen wichtigen Teil der Anthropologie in sich ein, das heißt der Lehre von der Wirklichkeit des Menschen. ›Brot‹ besagt mehr als das physikalisch-chemische Gebilde. Es ist Symbol für menschliche Nahrung, für »die notwendige und ausreichende Nahrung«, wie es in der Schrift heißt (Spr 30,8), oder für Nahrung schlechthin (Ps 146,7; Lv 26,5; Sir 9,7; Koh 31,27; Spr 6,8). Das Brot ist das »Brot des Le-

---

[1] Dagegen neigen die Kirchenväter — mit Ausnahme von Theodor von Mopsuestia — insgesamt zu einer spiritualisierenden Deutung. Im Brot sehen sie unmittelbar Jesus Christus und die Eucharistie. Vgl. dazu: *A. Hamman*, Le Pater expliqué par les Pères, Paris 1952. Zu den späteren Kommentaren siehe die Sammlung von Texten, in denen gleichfalls eine spiritualisierende Interpretation vorherrscht: *K. Becker / M. Peter*, Das heilige Vater-unser. Ein Werkbuch, Freiburg i. Br. 1951, 224 bis 250.

bens« (Joh 6,35). Das menschliche Leben ist untrennbar mit der materiellen Infrastruktur verbunden. So hoch auch der Geist fliegen, so tief auch die Mystik ansetzen und so metaphysisch auch abstraktes Denken sein mag, Menschsein hängt immer von einem Brocken Brot und einem Becher Wasser ab, also von einer Handvoll Materie. Die materielle Infrastruktur ist so wichtig, daß sie *letztlich* immer an der Wurzel und an der Basis alles dessen anzutreffen ist, was Menschen denken und tun. Sie ist wie das Fundament eines Gebäudes, auf dem letztlich nicht nur alle Stockwerke ruhen, sondern auch jeder einzelne Gegenstand, der sich in irgendeinem Raum befindet, wie auch die Menschen, die in ihm wohnen. Das Fundament ist die Voraussetzung der Möglichkeit, daß alles existiert und Bestand hat. So ist es auch mit der menschlichen Nahrung, die im Brot symbolisiert wird. Das Leben hängt von ihr ab, von ihrer dichten Materialität und ihrer materiellen Substanz. Zwar ist das Leben mehr als Brot, es kann aber in keinem Moment auf Brot verzichten. Theologisch gesprochen heißt das: Die menschliche Infrastruktur ist so wichtig, daß Gott Heil und Verderben daran geknüpft hat, ob wir sie gerecht und brüderlich gestalten oder nicht. Deshalb werden wir auch nach den Kriterien der Infrastruktur vom höchsten Richter endgültig beurteilt werden, ob wir nämlich dem Hungernden, dem Nackten, dem Durstenden und dem Gefangenen geholfen haben oder nicht. Im Brot, im Wasser, in der Kleidung und in der Solidarität steht am Ende das ewige Schicksal des Menschen auf dem Spiel (vgl. Mt 25,31—46).

Der Magen besitzt also sein zugesichertes Recht trotz der Bedeutung von Herz und Kopf. Kein Gebet und

keine geistige Tätigkeit können vom Brot und von der —
häufig mühsamen — Arbeit absehen, deren es bedarf,
um es zu verdienen und auf den Tisch des Hungernden zu bringen. Auch kein frommes Wort hat bisher den Hunger eines armen Schluckers gestillt. Gott
wollte, daß wir das Brot durch unsere Arbeit verdienen, die Zeit, Schweiß, Tränen und auch eine gewisse
Entfernung von Gott bedeutet, weil wir uns mit der
Erde und nicht mit dem Himmel beschäftigen. Gott
wollte, daß nicht nur seine Sache, sein Reich, sein Wille
und sein Name wichtig sind, sondern auch die Sache
des Menschen, seine Bedürfnisse, sein Hunger und
seine Forderungen nach Schutz und Heil. Der Mensch
existiert nicht bloß für Gott, sondern auch für sich
selbst. So war es Gottes Plan. Wenn der Mensch betet,
muß er alles in sein Gebet einschließen und vor den
Vater tragen, die Sache Gottes und die Sache des Menschen.[2]

Wenn man aufmerksam hinschaut, entdeckt man, daß
sich im Gebet des Herrn ein Wechsel vollzieht. In den
drei ersten Bitten (Heiligung des Namens, Kommen
des Reiches, Verwirklichung des göttlichen Willens) ist
es der Mensch, der sich um die Sache Gottes kümmert
und sorgt. In den folgenden vier Bitten (Brot, Vergebung der Schulden, Versuchung und Befreiung von
dem Bösen) ist es Gott, der sich um die Sache des Menschen kümmert und sorgt. Diese zwei Dimensionen dürfen nie voneinander getrennt werden, weil der Herr
sie in seinem Gebet auch miteinander verbunden hat.
Wir brauchen uns unserer Bedürfnisse nicht zu schämen.

[2] Vgl. *G. Ebeling*, Vom Gebet. Predigten über das Unser-Vater
(Siebenstern-Taschenbuch 89), München/Hamburg 1967, 63—67.

Gott denkt auch an den Hunger. Er will die Bitten des Menschen erfüllen und den hungrigen Mund sättigen. So bekommt das Leben, das wertvollste Geschenk, das wir von Gott empfangen haben, eine sichere Grundlage. Die Materie ist also Trägerin einer göttlichen Wirklichkeit. Sie ist sakramental. Dies ist um so offenkundiger, als in der Schrift das Brot geschichtliches Symbol für das Reich Gottes ist, das als ein großes Mahl dargestellt wird. Es ist das zeitliche Zeichen für die ewige Nahrung, die unserem Leben Ewigkeit sichert. Das Brot enthält das Versprechen der Fülle des Lebens. Mehr noch: Es ist heute schon — auf dem Weg von Hungernden und Pilgern — die Vergegenwärtigung des Brotes, das den Heilshunger des Menschen, das heißt das Verlangen nach Jesus und seinem Reich, vollauf stillt. All das ist enthalten in dem kleinen, alltäglichen, einfachen und schlichten Wort: *Brot*.

2. Unser: Das Brot, das das Glück bringt

Jeder Mensch braucht Brot. Aber man kann seinen Hunger nicht allein stillen, sondern nur in Gemeinschaft. Deshalb beten wir nicht: *mein* Brot, sondern *unser* Brot. In dem Gebet Jesu liegt ein tiefer Sinn. Zwar spricht auch das Alte Testament davon, daß der Hunger des einzelnen gestillt wird: »Iß freudig dein Brot« (Koh 9,7). »Teile dein Brot mit dem Hungrigen« (Jes 58,7). Aber in Jesus gewinnt das Bewußtsein der menschlichen Brüderlichkeit erst seine ganze Fülle.[3] Wir

---

[3] Vgl. die treffenden Überlegungen von *K. Barth*, Das Vaterunser, Zürich 1965, 76—79.

haben einen Vater, der Vater aller Menschen ist. Deshalb nennen wir ihn *unseren* Vater. Wir alle sind seine Kinder und darum Brüder und Schwestern. Wenn jemand als einzelner seinen Hunger stillen wollte, ohne an seine Brüder und Schwestern zu denken, würde er die Brüderlichkeit verletzen. Der Mensch will nämlich nicht einfach den Hunger besiegen und irgendwie überleben. Essen bedeutet für ihn niemals nur einfach Nahrung einnehmen, sondern ist immer auch ein gemeinschaftliches Geschehen und ein Ritus, der Gemeinschaft stiftet. Wenn jemand dagegen nur seinen eigenen Hunger stillt und die anderen in ihrem Elend und ihrem Hunger sieht, die Lazarusse am Ende des Tisches, die auf die Abfälle von unserem Überfluß hoffen, der kann nicht glücklich sein, der kann nicht als Mensch essen. Das tägliche Brot erzeugt das bescheidene, aber notwendige Glück des Lebens. Alles Glück, das wirklich Glück sein will, muß sich mitteilen und teilen lassen. So ist es auch mit dem Brot. Brot ist dann menschlich, wenn es geteilt und zu einem gemeinschaftstiftenden Band wird. Dann bringt es Glück und stillt menschlichen Hunger.

Das Brot, das wir täglich essen, enthält ein ganzes Netz anonymer Beziehungen, die wir uns immer wieder in Erinnerung rufen müssen. Bevor das Brot auf unseren Tisch kommt, geht es durch viele arbeitende Hände. Als Saatkorn wird es in die Erde gelegt. Um wachsen zu können, muß es gepflegt werden. Viele Hände ernten das Korn und viele Finger bedienen die starken Maschinen. Tausende Hände sammeln das Getreide ein und backen das Brot. Tausende verteilen es. In all diesen Tätigkeiten stecken menschliche Größe und menschliches Elend. Es kann ausbeuterische Verhältnisse gegeben haben. Es gibt verborgene Tränen in jedem Brot, das wir in Ruhe essen. Aber es enthält auch einen Hinweis auf Brüderlichkeit und Teilen. Das tägliche Brot schließt das ganze menschliche Universum mit seinem Licht und seinem Schatten in sich ein.

Das Brot, das gemeinsam erzeugt wird, muß auch gemeinsam geteilt und gemeinsam gegessen werden. Nur dann können wir wirklich um *unser* tägliches Brot beten. Gott erhört nicht das Gebet, das nur um Brot für mich selbst bittet. Unser wahres Verhältnis zu Gott hängt von dem Verhältnis ab, das wir miteinander haben. Gott will, daß wir auch die Notwendigkeiten unserer Brüder und Schwestern miteinschließen, wenn wir ihm unsere Bedürfnisse vortragen. Sonst würden wir die Brüderlichkeit zerstören und egoistisch leben. Ein und dieselbe fundamentale Notwendigkeit macht uns alle gleich, die gemeinsame Stillung des Hungers macht uns zu Brüdern und Schwestern.

Wenn das Brot, das wir essen, das Ergebnis der Ausbeutung unseres Bruders ist, dann wird Gott das Brot nicht segnen. Das Brot ernährt uns zwar, aber es nährt nicht das menschliche Leben, das nur dann menschlich ist, wenn es in der rechten Ordnung von Gerechtigkeit und Brüderlichkeit lebt. Ungerecht erworbenes Brot gehört nicht uns, es ist Diebstahl, es gehört den anderen. Der große mittelalterliche Mystiker Meister Eckhart sagt zutreffend: »Wer dem anderen nicht gibt, was dem anderen gehört, ißt nicht nur sein eigenes Brot, sondern sein Brot und das des anderen.«[4] Tausende von Hungrigen in unseren Städten und Millionen von

---

[4] Magistri Echardi Tractatus super oratione dominica, in: Werke V/1—2, hrsg. von E. Seeberg, 103—128, hier 120.

Verhungernden in der ganzen Welt klagen uns an wegen der Beschaffenheit unseres Brotes. Es ist bitter, weil es die Tränen unendlich vieler Kinder enthält. Es ist hart, weil es die Qual unzähliger leerer Mägen in sich schließt. Es kann nicht als würdig, als *unser* Brot betrachtet werden. Damit es unser Brot sei, müssen wir die Welt verändern und die Gesellschaft von ihren Mechanismen befreien, die den Reichtum *auf Kosten* des Brotes produzieren, das den Armen aus dem Mund gerissen wird. Das Brot fordert uns zu kollektiver Umkehr auf. Sie ist die notwendige Voraussetzung dafür, daß unser Gebet nicht leer und pharisäisch ist. Das Evangelium verbietet mir, für mich allein zu bitten, ohne auch an die Notwendigkeiten meiner Brüder zu denken. Nur *unser* Brot ist Gottes Brot.

3. Täglich: Das Brot, notwendig für die Zeit und für die Ewigkeit

Unser Brot wird noch durch ein weiteres sehr wichtiges Attribut genauer bestimmt: das Brot für jeden Tag, das tägliche Brot. Der griechische Ausdruck heißt *epiousios*.[5] Seine genaue Bedeutung stellt für die Fachleute ein Problem dar, weil es — wie schon Origenes in seinem Kommentar zum Vaterunser[6] feststellt — als Begriff nirgends in der griechischen Literatur eine Par-

---

[5] Die Literatur zu *epiousios* ist fast unübersehbar. Hier seien nur die jüngsten Titel zitiert: *F.-M. Braun*, Le pain dont nous avons besoin (Mt 6,11; Lc 11,3): Nouvelle Revue Théologique 110 (1978) 559—568); *W. Rordorf*, Le »pain quotidien« (Mtth. 6,11) dans l'histoire de l'exégèse: Didaskalia (Zeitschrift der Theologischen Fakultät Lissabon) 6 (1976) 221—235.

[6] De oratione, 27,7 (PG 11, 509 C); deutsch: BKV, Bd. 48, 99 f.

allele findet (mit Ausnahme vielleicht des Hawara-Papyrus aus Oberägypten, der aber erst aus dem fünften nachchristlichen Jahrhundert stammt[7] und anscheinend von den Evangelisten eigens gebildet wurde. So bleibt uns nichts als die bloße sprachliche Analyse. Es gibt drei Möglichkeiten.

Erstens versucht man, *epiousios* von *epi* und *einai* (vom Verbum *sein*) abzuleiten. *Ousios* ist das Adjektiv, das die Bedeutung möglich macht: das Brot ist für den heutigen Tag, das tägliche Brot, das Brot, das jeden Tag gegeben wird. Die ältesten lateinischen Übersetzungen (Itala) verstanden den Ausdruck in diesem Sinn. Oder man könnte auch lesen: das Brot, das notwendig ist für das Dasein, das für das Dasein *(epi ousia)* erforderlich ist. Das Brot, das unsere fundamentalen Bedürfnisse stillt, ist das tägliche Brot, wie wir zu beten gewohnt sind. In der Vulgata übersetzt Hieronymus das Wort (in der Matthäus-Version) mit *supersubstantialis* (was die wörtliche Wiedergabe ist von *epi* = *super* und *ousios* = *substantialis*) und (in der Lukas-Version) mit *quotidiano*.

Eine zweite Deutung sieht in *epiousios* eine Ableitung von *epi* und *ienai* (kommen, ankommen). Der Sinn wäre dann: das Brot für morgen, für den Tag, der

---

[7] Vgl. *Fr. Preisigke*, Sammelbuch griechischer Urkunden aus Ägypten I, 5224. Der Papyrus ist verlorengegangen, was eine Nachprüfung unmöglich macht. Sein Herausgeber, Sayce, war nämlich — wie bei *R. E. Brown*, The Pater Noster as an Eschatological Prayer: Theological Studies 22 (1961) 175—208, hier 195 Anm. 86, zu erfahren ist — nicht gerade sehr sorgfältig. In diesem Papyrus findet sich im Zusammenhang einer Liste über Verteilungen die Vokabel *epious*, die wahrscheinlich eine Abkürzung für *epiousion* ist und so viel bedeutet wie: was für einen Tag notwendig ist, Tageslohn, Tagessatz, Tagesration.

kommt, das Brot für die Zukunft. In seinem Matthäus-
kommentar schreibt Hieronymus, daß das Hebräer-
evangelium (eine apokryphe semitische Schrift) *epiousios* (supersubstantialis) mit dem hebräischen Wort *ma-
char* wiedergibt, das ›morgen‹, das heißt: Zukunft, bedeutet.[8] Demnach wäre der Sinn dieser Bitte: Gib uns
heute unser zukünftiges Brot.

Die dritte Erklärung ist die jüngste.[9] Sie geht von der
Beobachtung aus, daß es viele mit Präfixen zusammengesetzte Wörter gibt wie *epi-ousios*, deren Präfix jedoch keine spezifische Bedeutung hat. Wir hätten es
hier also mit einem bedeutungslosen Präfix zu tun. Alle
Sprachen kennen solche Wörter. Wenn ich im Portugiesischen zum Beispiel sagen will: »Ich will den Leuten
helfen«, dann macht es keinen Unterschied, ob ich sage:
»Vou dar um *mão*«, oder ob ich sage: »Vou dar uma
demão.« *Mão* und *demão* sind in diesem Fall gleichbedeutend. Oder wenn ich jemand eine Bitte abschlagen
will, kann ich im Portugiesischen sagen: »Ele *negou*
o seu pedido«, oder aber auch: »Ele *denegou* o seu
pedido«. In beiden Fällen ist der Sinn der gleiche. Im
Französischen gibt es das Verbum *partir* (abfahren,
weggehen) und *départ* (Abfahrt), das Verb *chercher*
(suchen) und das Substantiv *recherche* (Suche). Weder
das Präfix *de* bei *départ* noch die Vorsilbe *re* bei *recher-
cher* verändert in irgendeiner Weise den ursprünglichen
Sinn. So gibt es auch im Griechischen dreizehn mit

[8] Comm. in Matth. VI, 11 (PL 36, 43). Gegen diese Deutung
   wendet sich entschieden: *P. Grelot*, La quatrième demande du
   Pater et son arrière-plan sémitique: New Testament Studies
   25 (1979) 299—314.
[9] Vgl. *H. Bourgoin*, Epioúsios expliqué par la notion de préfixe
   vide: Biblica 60 (1979) 91—96.

ousios (*an, en, omoi, hyper,* usw.) zusammengesetzte Adjektive, deren Wurzel immer das Substantiv *ousia* (Substanz, Wesen) ist. In dem Fall, der uns hier interessiert, in der Verbindung von *epi* und *ousios,* braucht man die Vorsilbe *epi* gar nicht zu übersetzen, wie das Hieronymus fälschlicherweise mit *super* getan hat. Denn im Griechischen hat das Präfix *epi* die Bedeutung von Kontakt, von Bezug und Zugehörigkeit. *Epiousios* hieße also: was zum Wesen gehört, das Wesentliche, Substantielle. Das aber besagt auch schon das Wort *ousios* ohne jedes Präfix. Höchstens könnte man sagen, die Vorsilbe habe einen beschreibenden und zugleich vollziehenden Charakter und stärke den ursprünglichen Sinn. Tatsächlich aber bringt sie nichts Neues. Der Grieche kennt verschiedene solcher Wörter mit dem Präfix *epi,* das die Bedeutung des Grundwortes aber in keiner Weise verändert *(epinephes* = bewölkt; *epidorpios* = was zur Suppe gehört; *epikephalaios* = was mit dem Kopf zu tun hat). Bei *epiousios* haben wir nun ein ähnliches Wort vor uns. Die Vorsilbe *epi* ist ohne Bedeutung. Der Sinn ist einfach: das wesentliche Brot, das substantielle Brot, das Brot, das wir zum Leben brauchen. Was aber zum Leben notwendig ist, gehört zum täglichen Leben, man braucht es jeden Tag. So nähert sich diese dritte Erklärung der ersten. Der Sinn ist einfach.

Welche der drei Erklärungen ist nun zutreffender? Ist es das Brot für morgen oder das Brot für jeden Tag? Beide Deutungen sind möglich. Um sich für die eine oder andere zu entscheiden, kommt man mit rein philologischen Überlegungen nicht aus. Jeder Exeget oder Theologe wird sich für die Deutung entscheiden, die seinem Bild vom historischen Jesus und seiner Botschaft am besten entspricht. Theologen, die dazu neigen, Jesus von Nazaret aus der eschatologischen Perspektive zu interpretieren, ziehen die zweite Deutung vor: Unser zukünftiges Brot gib uns heute.[10] Andere Autoren, die Jesus und seine Verkündigung nicht eschatologisch verstehen (weil Jesus das Ende der Geschichte und das endgültige Kommen des Reiches nicht als unmittelbar bevorstehend erhofft habe), deuten *epiousios* als das tägliche Brot (Brot, das wir jeden Tag brauchen), als Brot, das für unseren kurzen irdischen Weg wesentlich notwendig ist (erste und dritte Lesart).

Das Problem des Vaterunsers kann weder nur mit historisch-kritischen Mitteln gelöst werden noch dadurch, daß man es einfach auf den historischen Jesus bezieht. Das Vaterunser ist nämlich das Hauptgebet der christlichen Gemeinde, die in der Zeit lebt und für die die Endzeit in einer unbestimmten Zukunft liegt. In dieser gegenwärtigen Situation, in dieser Geschichte, die sich Tag für Tag verwirklicht, muß das Vaterunser gebetet werden. So gewinnen die Begriffe eine ekklesiale Bedeutung, die sich von der ihrer jesuanischen Ursprünge unterscheidet. Mit anderen Worten: Dem ursprünglichen Sinn, den Jesus seinen Worten gibt, fügt die Urgemeinde, die sich inzwischen schon in Kirchen organisiert hat, eine weitere Bedeutung hinzu, die schließlich in dem Sinn gipfelt, den wir heute in unserer Situation dem Gebet geben. Alle diese Deutungen sind wahr. Die älteste Interpretation verschließt sich nicht in sich selbst, sondern ist wie eine Quelle, die sich für

---

[10] In diesem Sinn klassisch sind inzwischen die Erklärungen von: *J. Jeremias*, Das Vater-Unser im Lichte der neueren Forschung, Stuttgart ⁴1967, 22—24; *E. Lohmeyer*, Das Vater-unser, Zürich 1952, 92—110; *R. E. Brown*, The Pater Noster, a. a. O. (Anm. 7).

andere Deutungen öffnet und dem Leben des Gebets einen Sinn verleiht. So sehen wir in der schwierigen Diskussion über den ursprünglichen Sinn des Ausdrucks *epiousios* — als zukünftiges oder als tägliches oder als wesentliches Brot — drei Bedeutungsebenen, von denen die eine die andere voraussetzt und die alle miteinander verbunden sind. Alle Bedeutungen schwingen mit bei dem Hören des einen Wortes: *unser tägliches Brot.*

Wir sind der Ansicht, daß der historische Jesus an das zukünftige Brot, an das Brot für morgen dachte. Diese Entscheidung beruht auf der Überzeugung, die wir hier nicht näher begründen können,[11] daß der historische Jesus in einer apokalyptisch-eschatologischen Perspektive lebte. Damit soll gesagt werden, daß er der Überzeugung war, der Anbruch des Reiches Gottes stehe unmittelbar bevor, ohne damit die »Zeiten und Stunden« des endgültigen Anbruchs festzulegen. Die Kernaussage seiner Verkündigung, die Bergpredigt, und die Radikalität seiner Forderungen machen diese Deutung sehr wahrscheinlich. In Übereinstimmung mit dieser Deutung wird das Reich Gottes — wie es die Evangelien wiederholt beschreiben — mit einem Mahl verglichen. Am himmlischen Tisch wird das wahre und wesentliche Brot gereicht werden. Die Bitte des Menschen um Nahrung (Brot) ist also verknüpft mit dem himmlischen Mahl. So heißt es bei Lk 14,15: »Selig, wer im Reich Gottes das Brot essen darf!« Derselbe eschatologische Ton klingt auch in Lk 6,21 durch: »Selig, die ihr jetzt *hungert*, denn ihr werdet satt werden.« An an-

---

[11] Vgl. *L. Boff*, Jesus Cristo Libertador, Petrópolis ⁷1979; *ders.*, Paixão de Cristo — Paixão do mundo, Petrópolis ²1978.

deren Stellen ist die Rede davon, daß die Jünger »in meinem Reich mit mir an einem Tisch essen und trinken« sollen (Lk 22,30) und daß »viele von Osten und Westen kommen und mit Abraham, Isaak und Jakob im Himmelreich zu Tisch sitzen« (Mt 8,11). Die Geheime Offenbarung des Johannes beschreibt den Himmel als einen Ort, an dem die Gerechten keinen Hunger mehr verspüren (Offb 7,16). Dieses zukünftige Brot im ewigen Reich des Vaters ist Gegenstand der Bitte: Gib es uns schon jetzt! Mit anderen Worten: Das Reich komme bald! Herr, verwirkliche dein befreiendes Eingreifen so schnell wie möglich. Führe uns zu dem Mahl, bei dem die wirklich wesentliche Nahrung (Brot) gereicht wird, die das ewige Leben vermittelt.

Auch das Alte Testament bietet einige Anhaltspunkte für diese eschatologische Deutung. Vom Manna heißt es im Buch Exodus: »Ich will für euch Brot vom Himmel regnen lassen ... jeden Tag für den täglichen Bedarf« (Ex 16,4). Und in Ps 78,24 steht: »Brot vom Himmel gab er ihnen«. Jesus selbst bezieht sich auf diesen Text, wenn er sagt: »Nicht Mose hat euch das Brot vom Himmel gegeben, sondern mein Vater gibt euch das wahre Brot vom Himmel« (Joh 6,32).

Diese Interpretation ›Unser (künftiges) Brot für morgen gib uns heute!‹ entspricht offensichtlich ganz der eschatologischen Mentalität Jesu. Aber wir müssen bedenken, daß die Bedeutung dieses zukünftigen und eschatologischen Brotes im Reich Gottes auf dem materiellen und greifbaren Brot der Geschichte beruht. Jedes reale Symbol (Brot des Himmels) geht von der konkreten Wirklichkeit (dem materiellen Brot) aus. Ein reales Symbol besteht (nicht in sich selbst, es bezieht sich immer auf die Grundlage, auf der es aufbaut. Wenn wir um das Brot des Himmels (das zukünftige Brot, das Brot für morgen) bitten, dann bitten wir zugleich auch um das materielle Brot für den Körper. Denn ohne dieses könnten wir nicht verstehen, was das wirklich substantielle Brot des Reiches Gottes ist. Ein Symbol ohne Realität verflüchtigt sich. Das Brot des Himmels ist ohne das Brot der Erde unverständlich. Deshalb nehmen wir auch nichts von dem zurück, was wir zuvor von der Wirklichkeit des Brotes an sich gesagt haben, mit der wir unser körperliches Leben ernähren und die es ermöglicht, daß ihr jenes Brot versprochen wird, das uns wirklich das ewige Leben im Reich des Vaters schenkt.

Die Exegeten, die Jesus in einer nichteschatologischen Perspektive sehen, übersetzen *epiousios* am treffendsten mit »tägliches Brot, Brot, das wir täglich benötigen«. Diese Bedeutung wird von der christlichen Gemeinde verwirklicht, die die Geschichte überdauert und versucht, das von Jesus gepredigte Ideal der frohen Hingabe an die göttliche Vorsehung zu leben.[12] Der Herr lehrt uns, uns weder um morgen zu sorgen (Mt 6,34) noch um das, was wir essen oder anziehen sollen (Mt 6,25). Seinen Jüngern empfahl er, bei ihren Missionsreisen keinen Proviant mitzunehmen, »kein Brot, keine Vorratstasche und kein Geld im Gürtel« (Mk 6,8). Das evangelische Ideal besteht darin, das Leben eines Armen zu führen, der sich ganz der Fürsorge der Vorsehung hingibt. Gott wird für die Grundbedürfnisse sorgen. Das ist ein radikales Ideal. Immer hat es in der Geschichte Menschen gegeben, die die Worte des Herrn

---

[12] Auf diesen Punkt weisen besonders hin: *R. Guardini*, Das Gebet des Herrn, Mainz 1934, 17–24; *P. Grelot*, La quatrième demande du Pater, a. a. O. (Anm. 8).

ernst nahmen und auf solche Weise lebten. In der Bitte hier geht es nur um das tägliche Brot. Schon das Alte Testament lehrt: »Gib mir weder Armut noch Reichtum. Gewähre mir nur das notwendige Brot« (Spr 30,8). Gott wird also nicht um Reichtum, nicht um Wohlstand und nicht um Annehmlichkeiten gebeten. Anderseits wird aber auch nicht die Armut, die das Fehlen des Notwendigen ist, verherrlicht. Es wird um das gebeten, was ausreicht, um diesen einen Tag leben zu können. Damit sind die Grundbedürfnisse gemeint. Das Brot steht nicht einfach für Nahrung, es ist, wie man in der Bibel liest, verbunden mit der Kleidung (Dtn 10,18), dem Wasser (Dtn 9,9), dem Wein (Koh 9,7) und dem Öl (Ps 104, 15). Jesus lehnt allen Geiz ebenso ab wie alles unnötige Anhäufen.

Dieses tägliche Brot, das wir für unser materielles Leben brauchen, ist die Grundlage für noch eine andere Bedeutung, die in den Ohren der Urgemeinde mitklingt. Welches Brot braucht der Mensch für sein geistiges Leben und für seine religiöse Dimension? Jesus selbst beschreibt sich als das »Brot des Lebens« (Joh 6,48). »Wer von diesem Brot ißt, wird nicht sterben« (Joh 6,50), sondern »für immer leben« (6,51). Aber das Brot bedeutet nicht nur Jesus. In dem täglichen Brot klingt noch ein anderes Brot mit, die tägliche Nahrung der christlichen Gemeinde, die Eucharistie: »Das Brot, das ich geben werde, ist mein Fleisch für das Leben der Welt« (Joh 6,51); »wer mein Fleisch ißt und mein Blut trinkt, hat das ewige Leben und ich werde ihn auferwecken am Jüngsten Tag, ... wer von diesem Brot ißt, wird leben in Ewigkeit« (Joh 6,54.58). Diese verschiedenen Bedeutungen muß der Gläubige mithören, empfinden und lebendig machen können, wenn er betet: ›Unser tägliches Brot gib uns heute!‹ Zuerst geht es um das materielle und notwendige Brot, ohne das das Leben nicht erhalten bliebe. Dieses Brot deutet hin auf das Brot im Reich Gottes, wo das Leben ewig und glücklich sein wird. Das Brot des Reiches ist aber schon vorweggenommen, es ist Jesus selbst in seinem Leben und in seiner Botschaft. Jesus bleibt aber in der Geschichte gegenwärtig unter der Gestalt des eucharistischen Brotes, in dem wir schon jetzt den Anbruch des Reiches und das schon von Jesus endgültig gebrachte Heil erfahren. Der historische Jesus, die Urgemeinde und wir heute mit unseren materiellen und geistigen Bedürfnissen finden uns in dem kleinen Wort wieder, das aber voller Geheimnisse ist: *unser tägliches Brot.*

4. Gib uns heute: Die Arbeit und die Vorsehung

Die Schrift ist voll von Aussagen, die die Überzeugung ausdrücken, daß Gott es ist, der das Brot oder der zu essen gibt. Alle Nahrung ist göttliche Gabe. Der Mensch ist verpflichtet zu danken. Das erste Tischgebet der frommen Juden beginnt: »Gepriesen bist du, Herr, unser Gott, Vater des Alls, der du die ganze Welt mit deiner Güte ernährst. Aus Gnade, Liebe und Erbarmen gibt er jedem Geschöpf das Brot, denn seine Gnade währt für immer.« Nur ein Heide oder ein Atheist weiß nicht, wem er für die tägliche Nahrung zu danken hat. In diesem Zusammenhang müssen wir die Bitte verstehen: Unser tägliches Brot *gib uns* heute.
Aber was bedeutet es konkret, Gott um das notwendige Brot zu bitten? Ist es nicht die Arbeit des Men-

schen, die das Brot auf den Tisch bringt? Jesus kennt die Bedeutung der Arbeit. Der Zweite Thessalonicherbrief ruft uns das ganz realistisch in Erinnerung: »Wenn jemand nicht arbeiten will, dann soll er auch nicht essen!« (2 Thess 2,10). Aber die Arbeit des Menschen ist nicht alles am Brot. Wir hängen von so vielen Vorbedingungen ab, denen gegenüber sich jeder Mensch ohnmächtig fühlt und sich an die göttliche Vorsehung verwiesen sieht. Gott gibt uns günstige klimatische Bedingungen, Regen und Sonnenschein. Er schenkt uns die Kräfte, mit denen wir arbeiten können. Er läßt geheimnisvoll die Saat wachsen. Er ist der Herr der Schöpfung, die wir mit unserer Arbeit verändern, aber nicht schaffen. In jedem Stück Brot ist mehr die Hand Gottes zu spüren als die Hand des Menschen. So hat der Gläubige allen Grund, den Vater des Himmels um Brot zu bitten.

Im übrigen besitzt die Bitte um Brot in unseren Tagen eine ganz konkrete Bedeutung. Millionen Menschen durchwühlen die Abfälle, um sich das absolut Notwendigste zusammenzusuchen. Tausende von Menschen verhungern jedes Jahr, weil sie nicht genug Brot haben. Unterernährung und Hunger bedrohen zunehmend die ganze Menschheit. Für diese Millionen von Hungernden hat die Bitte um Brot einen realen und unmittelbaren Sinn. Sie erinnern die Satten an die Bitte, die Gott selbst ausgesprochen hat: »Teile mit den Hungernden dein Brot!« (vgl. Jes 58,7). Überdeutlich sagt das Basilius der Große († 379), wenn er schreibt: »Dem Hungernden gehört das Brot, das bei dir zu Hause verdirbt. Dem Barfüßigen gehören die Schuhe, auf die sich unter deinem Bett Schimmel setzt. Dem Nackten gehört die Kleidung, die in deinem Kleiderschrank hängt. Dem

Elenden gehört das Geld, das in deiner Schatulle an Wert verliert.«

In der Fassung des Matthäus bitten wird um das Brot für heute *(semeron)*, in der Version des Lukas um das Brot für jeden Tag *(kat' emeran)*. Beide Deutungen sind richtig.[13] Die erste Fassung (heute) drückt die unmittelbare Bedeutung der Bitte aus: Wir bitten um das Brot, das wir jetzt, das wir heute brauchen. Die zweite Version enthält einen Vorsatz des Jüngers: Tag für Tag und jeden Tag um das notwendige Brot zu bitten und sich so der göttlichen Vorsehung anzuvertrauen.

5. Schluß: Die Heiligkeit des Brotes

Im Bewußtsein der Völker lebt die Erinnerung, daß wir es beim Brot mit etwas Heiligem zu tun haben. Brot wird mit Ehrfurcht und Verehrung behandelt. Brot wirft man nicht weg. Nur in entsakralisierten Gesellschaften geschieht das, weil sie die fundamentale Beziehung des Menschen in der Welt mit dem Heiligen und Erhabenen verloren haben. Brot ist etwas Heiliges, weil es mit dem Geheimnis des Lebens verbunden ist und deshalb eine besondere Weihe trägt. Für den Menschen der Bibel ist das Brot eines der ursprünglichsten Zeichen für Gnade und Liebe, mit denen Gott uns trägt und umgibt. Mit Brot vertreibt Gott die Dämonen des Hungers und des Todes. Für den Christen ist das Brot noch heiliger, weil es Symbol ist für die endgültige Versöhnung aller Gerechten mit Gott beim

---

[13] Vgl. *H. van den Bussche*, Das Vaterunser, Mainz 1963, 103 f.

Mahl im kommenden Reich. Das ist das reale Symbol
für Jesus, der das Brot des Lebens ist und der das Leben für immer gerettet hat. Das tägliche Brot ist noch
aus einem anderen Grund heilig: Brot ist die Materie,
die nach der Transsubstantiation (›Wandlung‹) das Sakrament der Eucharistie bildet, das Brot derer, die auf
dem Wege sind und die sich von ihm ernähren, damit
das Leben auferweckt werden und ewig glücklich sein
kann.

Das geheimnisvolle Wörtchen *epiousios* (supersubstantialis, täglich, notwendig, zukünftig, wesentlich),
das dem Wort Brot hinzugefügt ist und das sonst nirgends in der griechischen Sprache vorkommt, wurde
vielleicht eigens von den Evangelisten gebildet, wie
Origenes meint, um — wer weiß — den ganzen verborgenen Reichtum auszudrücken, der in der schlichten
Wirklichkeit des Brotes enthalten ist. Die ganze Fülle
der verschiedenen Bedeutungen muß in der Seele dessen widerhallen, der sie verstanden und in das tägliche
Beten des Herrengebets hineingenommen hat.

VIII. Vergib uns unsere Schuld

»Herr,
wenn du auf die blickst, die uns einsperren,
auf die, die uns zur Folter schleppen,
wenn du die Taten unserer Gefängniswärter wägst
und die harten Urteile unserer Richter,
wenn du das Leben derer richtest, die uns demütigen,
und das Gewissen derer, die uns zurückstoßen,
dann, Herr, vergiß das Böse, das sie vielleicht tun.

Vielmehr denke daran, daß wir durch dieses Opfer
deinem gekreuzigten Sohn nähergekommen sind.
Durch die Folterung haben wir seine Wunden ange-
    nommen,
durch die Gitter seine Freiheit des Geistes,
durch die Strafen die Hoffnung auf sein Reich und
durch die Demütigungen die Freude, seine Söhne zu
    sein.

Erinnere dich, Herr, daran, daß aus diesem Leiden
in uns — wie aus dem zertretenen Samenkorn der Keim
    wächst —
die Frucht der Gerechtigkeit und des Friedens erwuchs,
die Blüte des Lichtes und der Liebe.

Vor allem aber wisse, Herr,
daß wir niemals wie sie werden wollen,
daß wir niemals das tun wollen, was sie taten,

dem Nächsten niemals das zufügen wollen,
was sie uns zufügten.«

> *Frei Fernando, Frei Ivo* und *Frei Betto,*
> Gebet eines Gefangenen,
> in: O canto na fogueira, Petrópolis 1977, 346

Gewiß lebt der Mensch nicht vom Brot allein (vgl. Mt 4,4), aber *auch* von Brot. Über ein Minimum von Infrastrukturen hinaus, ohne das der Mensch weder leben noch weiter existieren kann (Nahrung), ist er eingebunden in ein gesellschaftliches Gewebe, das einen wesentlichen Teil seiner Existenz ausmacht. In dieser Dimension lebt er nicht nur, sondern lebt er mit anderen zusammen. Hier entwickelt sich der Mensch zur Person, zu Jemand, der zu anderen in Beziehung treten kann, der auf sie hören, anderen Vorschläge machen, Antworten geben und Verantwortung fühlen kann. Person besagt so viel wie Zentrum von Beziehungen, Bindungen und Bündnissen, die den Menschen verantwortlich für die anderen machen, indem sie sie verwirklichen oder scheitern lassen, sie glücklich oder unglücklich machen. Als Person erweist sich der Mensch als ein antwortendes Wesen, das sowohl Gott antworten und seiner Liebe entsprechen als auch sich verweigern und in sich selbst verschließen kann. Das Gewissen ist das Organ, mit dem der Mensch den Ruf des Mitmenschen und Gottes hört. Und die Freiheit führt die Person zur Offenheit oder Verschlossenheit, zur Annahme oder zur Ablehnung einer Verantwortung.

1. Die Erfahrung von Vergehen und Schuld

Auf der Ebene der Beziehungen, sei es zu Gott sei es zu den Mitmenschen, sind verschiedene Haltungen möglich: Liebe, Freundschaft, Sympathie, Zusammenarbeit, Gleichgültigkeit, Ablehnung, Demütigung, Stolz, Ausbeutung. Hier gibt es keine Neutralität. Man muß eine Position beziehen, entweder für oder gegen jemanden, mit mehr oder weniger Engagement. Das persönliche Ich erweist sich immer als von anderen bewohnt und anderen gegenüber engagiert.

In diesem Geflecht von Beziehungen wird die Erfahrung der Schuld des einen gegenüber dem anderen und des gegenseitigen Unrechts verständlich. Wir spüren, daß wir dem Mitmenschen etwas schuldig sind. Wir haben niemanden darum gebeten, geboren zu werden. Nach unserer Geburt hat man uns dennoch angenommen, ernährt und uns die Zuwendung geschenkt, die für ein normales Leben notwendig ist, während viele andere abgelehnt und beseitigt wurden. Eine ähnliche Erfahrung macht der religiöse Mensch mit seinem Gott. Er empfängt Dasein, Gesundheit, Kleidung, Wohnung, Verstand, Lebenswille, Freunde und viele andere großartige Dinge des Lebens, die der menschliche Geist nicht herstellen kann und die einfach als Geschenk des Vaters erlebt werden. So fühlen wir uns als Schuldner, und von selbst erwächst in uns das Gefühl der Dankbarkeit. Diese Schuld ist schuldlos, und so sehr wir uns auch bemühen, es wird uns nie gelingen, unsere Schuld gegenüber dem Urheber des Lebens abzutragen, sowohl gegenüber unseren Eltern als auch Gott gegenüber.[1] Hier

---

[1] Vgl. dazu die treffenden Überlegungen von *Origenes*, De oratione, 28 (PG 11, 521—529); deutsch: BKV, Bd. 48, 110—118.

gilt der Satz des Evangeliums: Soviel wir auch an Dank abstatten, wir bleiben dennoch unnütze Knechte, wir haben nur unsere Schuldigkeit getan (Lk 17,10).

Aber es gibt noch eine andere Art von Schuld, die nicht schuldlos, sondern schuldhaft ist. Das ist die Schuld, die in Vergehen und Sünde besteht und die so lange bleibt, bis sie gesühnt ist. Das Gewissen erfährt sie als moralische Schuld, weil sie mit der Zerstörung von Beziehungen, von Begegnung, Liebe und Menschlichkeit zu tun hat. Damit Menschen ein Vergehen (Sünde und Schuld) als solches erfahren, müssen sie in Beziehung zu ihren Mitmenschen und in Gemeinschaft mit Gott stehen. Was getan werden müßte, wird nicht getan. Mein Nachbar braucht von mir ein Wort, das ihn wieder aufrichtet, und ich verweigere es ihm. Sein Blick bittet um Barmherzigkeit, und ich bleibe hart und demütige ihn. Der Arme erzählt von seinem Unglück, streckt die Hand aus und bittet um Hilfe, und ich gehe an ihm vorbei. Die Augen der Kinder sind groß vor Hunger, der Säugling wimmert im Fieber auf dem Arm seiner schmutzigen und unterernährten Mutter, und ich sehe weg, weil ein solcher Anblick unbequem ist. Dann gibt es noch den blinden Haß, die Ausbeutung des Schwachen, seiner Arbeitskraft und seiner Unwissenheit, die physische Beseitigung der Unbequemen. Es gibt die Zerstörung der Brüderlichkeit und die Verletzung der Menschlichkeit, die Ungerechtigkeit und Lieblosigkeit. Brüder und Schwestern werden beleidigt. Aber auch Gott ist betroffen, weil er Barmherzigkeit, Liebe, Gerechtigkeit und Solidarität will, die hier verraten werden.

Man würde diese Erfahrung nicht angemessen ausdrükken, wenn man sagte: Hier ist ein Gesetz übertreten worden. Das Gesetz gebietet mir, dem anderen das zu tun, was ich gern hätte, daß er es mir täte, und ich tue es nicht. Gegenüber einem abstrakten Gesetz empfindet man keine Schuld, höchstens Bedauern. Was hier jedoch wirklich geschieht, ist, daß eine persönliche Beziehung zerstört wird. Nicht so sehr ein Gesetz wird hier verletzt, sondern eine menschliche Person mit ihrer Würde, ihren Bedürfnissen und ihrer Verbindung, in der sie solidarisch mit allen Menschen und mit Gott steht. Die Schuld ist am größten, wenn wir den Ruf Gottes vernehmen und uns ihm versagen. Es ist kein ganz allgemeiner Ruf, sondern ein persönlicher Appell, eine Berufung, die unsere ganze Existenz umfaßt und in Anspruch nimmt. Die Aufforderung zur Treue, zur Fürsorge und zum Wachsen wird nicht beachtet. Es ist ein Talent, das nichts bringt (vgl. Mt 25,14—30).

Wir machen die Erfahrung, daß wir uns für die vergangenen Vergehen verantwortlich fühlen. Es hätte nicht zu geschehen brauchen, was wirklich geschehen ist. So entsteht die Erfahrung der Schuld und der Notwendigkeit, um Vergebung zu bitten. Das ist nicht Ausdruck einer psychischen Pathologie oder einer Neurose (das kann es sein, aber dann ist die Schuld ein Gefühl ohne Objekt und daher pathologisch), sondern Hinweis auf ein gesundes Lebensgefühl, das seine richtige Ordnung will und die Wiederherstellung der zerstörten menschlichen Beziehungen fordert.[2] Das Gewissen sagt jedem Menschen tief in seinem Innern, daß in seinem Leben nicht alles in Ordnung ist: »In vielen Dingen verfehlen wir uns alle« (Jak 3,2). Die Ehrlich-

---

[2] Vgl. *A. Moser*, Pecado, culpa e psicanálise: Revista Eclesiástica Brasileira 35 (1975) 5—36.

keit uns selbst gegenüber erfordert die Feststellung, daß wir Sünder sind: »Wenn wir sagen, daß wir keine Sünden haben, betrügen wir uns selbst, und die Wahrheit ist nicht in uns« (1 Joh 1,8). Und die Sünde offenbart sich dem Gewissen gegenüber als Schuld, die gesühnt werden muß. So erhebt sich ganz spontan die Bitte, die in der Bibel so häufig ist: Herr, erbarme dich unser! »Gott, sei mir gnädig nach deiner Huld, tilge meine Frevel nach deinem reichen Erbarmen« (Ps 51,3). In seiner Gewissensqual schreit der Psalmist: »Sieh meine Not und Plage an, und vergib mir alle meine Sünden!« (Ps 25,18). Jesus Sirach weist auf den sichersten Weg hin, um die Vergebung unserer Sünden zu erlangen: denen vergeben, die uns verletzt haben: »Vergib deinem Nächsten das Unrecht, dann werden dir, wenn du betest, auch deine Sünden vergeben« (Sir 28,2). Jesus von Nazaret sagt kurz und bündig: »Erlaßt einander die Schuld, dann wird auch euch die Schuld erlassen werden!« (Lk 6,37).

Trotz dieser Möglichkeit, uns gegenseitig zu verzeihen, spüren wir, daß wir immer noch in Schuld sind; denn es geht nicht einfach darum, eine sündige Haltung aufzugeben und ein Vergehen wiedergutzumachen. Die Sünde hat tiefere Wurzeln und durchdringt unsere ganze Existenz. Wir leben in einer Situation der Sünde,[3] die Luft des Heils, die wir einatmen, ist verseucht, obwohl die Gnade und das Erbarmen Gottes dauernd bei uns sind. Deshalb fühlen wir uns als Opfer der Mächte des Bösen, die uns immer wieder zur Sünde und zur Verletzung der Brüderlichkeit verführen. Nicht nur

---

[3] Vgl. C. Boff, Pecado social: Revista Eclesiástica Brasileira 37 (1977) 675—701.

eine Tat muß wiedergutgemacht werden, die Situation muß erneuert und ein neuer Mensch muß geschaffen werden. Darum klingt das Wort Jesu, die fleischgewordene Barmherzigkeit und Vergebung des Vaters, zutiefst befreiend: »Mein Sohn, deine Sünden sind dir vergeben!« (Mk 2,5). Zur frohen Botschaft Jesu gehören nicht nur die Erlösung und die Schaffung eines neuen Himmels und einer neuen Erde, die von einem neuen Menschen bewohnt wird, sondern auch die radikale und vollständige Vergebung und endgültige Verzeihung jeder Sünde.

2. Vergib uns unsere Schuld

Die bisherigen Überlegungen waren notwendig, um die fünfte Bitte des Vaterunsers zu verstehen: »Vergib uns unsere Schuld, wie auch wir vergeben unseren Schuldigern!« Sie ist wie der Schrei, fast wie ein Notschrei des unheilbar sündigen Menschen, den dieser an den Vater mit seinem unendlichen Erbarmen richtet.
Die Fassung des Matthäus stimmt an dieser Stelle mit der des Lukas nicht ganz überein. Matthäus verwendet das Wort Schulden, das aus der Geschäftswelt stammt, das mit der Zeit aber auch religiös verstanden und gleichbedeutend mit ›Vergehen‹ verwendet wurde. Das Wort *Vergehen*[4] hebt den persönlichen Aspekt der Sünde hervor, die — wie wir sahen — nicht nur die Ver-

---

[4] Anmerkung des Übersetzers: Die in der katholischen Kirche Brasiliens wie überhaupt der portugiesischsprechenden Welt benutzte Übersetzung des Vaterunsers verwendet hier seit der Liturgiereform durch das Zweite Vatikanische Konzil die Vokabel *ofensa* bzw. *ofensas*: Vergehen, Beleidigung(en).

letzung einer Norm, sondern den Bruch einer zwischenmenschlichen Beziehung bedeutet, so daß auch Gott betroffen ist, der in jedem Menschen und in jeder menschlichen Beziehung gegenwärtig ist. So heißt es denn auch in der Fassung des Matthäus, dem griechischen Original entsprechend: »Und erlaß uns unsere Schulden, wie auch wir sie unseren Schuldnern erlassen haben« (Mt 6,12). Bei Lukas heißt es dagegen wörtlich: »Und erlaß uns unsere Sünden; denn auch wir erlassen jedem, was er uns schuldig ist« (Lk 11,4). Lukas übersetzt also ›Schulden‹ mit ›Sünden‹, um seinen Hörern das Verständnis zu erleichtern, denn für sie als Griechen besaß der Ausdruck ›Schulden‹ nicht die religiöse Bedeutung wie für Semiten. Allerdings läßt er im zweiten Glied der Bitte (wo wir eigentlich ›Sünder‹ oder ›die, die gegen uns sündigen‹ erwartet hätten) den Ausdruck ›schuldig‹ stehen, was für die Hypothese spricht, daß die matthäische Fassung gegenüber der lukanischen die ursprünglichere ist. Wichtig ist es, auf die frohe Botschaft der Vergebung Gottes zu achten, die von Jesus verkündet und gelebt wird. Dies ist der Hintergrund der Bitte des Vaterunsers.

Die Botschaft Jesu konzentriert sich nicht allein auf die freudige Nachricht, daß das Anbrechen des neuen Himmels und der neuen Erde unmittelbar bevorsteht und daß eine ganzheitliche und umfassende Befreiung einsetzt und zu ihrer vollen Entfaltung gelangt. Das ist eine wirklich gute und überraschende Botschaft, weil sie sich an die Armen, Labilen, die Menschen am Rande und die Sünder wendet. Der Vater, den Jesus bezeugt, ist ein unendlich gütiger Vater, der selbst »die Undankbaren und Bösen liebt« (Lk 6,35). Er ist der Gott des verlorenen Schafes (Lk 15,1–7), der verlorenen Drachme (Lk 15,8—10) und des verlorenen Sohnes (Lk 15, 11—32), der sich mehr freut über einen Sünder, der umkehrt, als über neunundneunzig Gerechte, die sich nicht zu bekehren brauchen (Lk 15,7). Jesus, der in der Welt das Erbarmen des Vaters verkörpert, ist auch selbst barmherzig. Was er die anderen lehrt, tut er auch selbst: »Seid barmherzig, wie euer Vater barmherzig ist« (Lk 6,36). Deshalb besucht er Sünder in ihren Häusern (Mk 2,15; Lk 19,1—9), so daß er für einen Freund von Sündern gehalten wird (Mt 11,19). Ein solches Handeln ist nicht einfache Humanität, es erwächst aus seiner Erfahrung des barmherzigen Gottes. Jesus läßt die Sünder spüren, daß sie nicht automatisch von der Liebe des Vaters ausgeschlossen sind, sondern daß Gott sie mit grenzenloser Zuwendung liebt und daß sie deshalb voller Dankbarkeit zurückkommen können, denn der Vater nimmt sie mit offenen Armen und mit dem Kuß der Vergebung auf (vgl. Lk 15,20; 2 Sam 14,33).

Dieses Evangelium von der Barmherzigkeit war für die Frommen zur Zeit Jesu ein Skandal und ist auch heute noch ein Ärgernis für die Gläubigen. Die Eifrigen bemühen sich, dem Weg des Herrn zu folgen, und meinen, deshalb liebe Gott sie allein. Diese Haltung macht sie zu Pharisäern und hart gegenüber den Schwankenden und Schwachen. Die wichtigsten Gleichnisse Jesu, die Vergebung und Barmherzigkeit behandeln, wenden sich nicht an die Sünder, sondern gegen die Frommen und diejenigen, die Jesus und seinen Gott kritisieren, weil sie zu liberal seien. Mit seiner Verkündigung und seinen Taten der Barmherzigkeit — er läßt sich sogar von einer öffentlichen Sünderin salben (Lk 7,36—37) — löst Jesus Protest aus. Aber er verteidigt die Barmherzigkeit. Seine Argumentation ist knapp und scharf: Nicht die Gesunden, sondern die Kranken brauchen den Arzt (Mk 2,17); der Menschensohn ist gekommen, das, was verloren war, zu suchen und zu heilen (Lk 19,10); er weiß sich zu den verlorenen Schafen des Hauses Israel gesandt (Mt 15,24). Provozierend sagt er den zeitgenössischen Hütern der Frömmigkeit: Die Zolleintreiber und Prostituierten (die glauben) kommen eher ins Reich Gottes als ihr (Mt 21,31), weil »ihr euch nicht bekehrt habt« (Mt 21,32). In der damaligen Zeit unterschied man bei Sündern drei Gruppen: Juden, die sich vertrauensvoll mit Reue und Hoffnung an Gott wenden konnten; sie durften mit der göttlichen Barmherzigkeit rechnen. Die heidnischen Sünder, die sich mit Reue, aber ohne große Hoffnung, gehört zu werden, an ihn wenden konnten; von ihnen glaubte man, sie stünden außerhalb der Reichweite der göttlichen Barmherzigkeit. Und die Juden, die wie Heiden lebten; bei ihnen gab es weder Reue noch Hoffnung, sie waren praktisch verloren. Zu dieser Gruppe gehörten Hirten, Prostituierte, Aussätzige, Zöllner und andere Menschen dieser Art.[5] Und da tritt Jesus mit seiner Frohen Botschaft auf: »Ich bin nicht gekommen, um die Gerechten zu rufen, sondern die Sünder« (Mk 2,17). Einem Gelähmten, der ebenfalls zu der dritten Gruppe der Sünder gehört, sagt Jesus: »Mein Sohn, deine Sünden sind dir vergeben« (Mk 2,5). Das Evangelium wird uns nur dann als gute Nachricht verständlich, wenn wir das Neue verstehen, das Jesus bringt. Der Gott Jesu ist nicht mehr der alte Gott der Tora, der Gott der Rache und der Strafe, sondern der Gott des Erbarmens, der

---

[5] Vgl. *L. Goppelt*, Theologie des Neuen Testaments, Bd. 1, Göttingen 1975, 177 f.

grenzenlosen Güte und der Geduld in der Geschichte gegenüber dem Schwachen, die sich ihrer Schwachheit bewußt sind und umkehren wollen (vgl. Röm 3,25—26). Das Gleichnis vom verlorenen Sohn macht das Gottesbild Jesu Christi konkret: Barmherzigkeit und überwältigende Liebe. »Schon von weitem sah er ihn kommen, und er hatte Mitleid mit ihm. Er lief dem Sohn entgegen, fiel ihm um den Hals und küßte ihn« (Lk 15,20). So wie dieser irdische Vater ist auch der himmlische Vater. So handelt auch Jesus.

Um seine und Gottes Haltung zu rechtfertigen, trägt Jesus den Kritikern die verschiedenen Gleichnisse vor.[6] Das Gleichnis vom verlorenen Schaf und von der verlorenen Drachme erzählt er den murrenden Schriftgelehrten und Pharisäern (Lk 15,2). Das Gleichnis von den zwei Schuldnern wendet sich an den Pharisäer Simon (Lk 7,40). Der Satz »Nicht die Gesunden haben den Arzt nötig, sondern die Kranken« wird den Spezialisten für Fragen der Religion gesagt, denen der frömmsten Richtung der damaligen Zeit, den Pharisäern. Auch das Gleichnis vom Pharisäer und vom Zöllner (Lk 18,19) — wie auch manche anderen — zielt auf sie. Bei allem geht es Jesus darum, das Neue hervorzuheben, das er bringt: Gott ist vor allem der Gott der Sünder, und der Messias befreit uns von unseren Schulden und erleichtert unsere Gewissenslast.

Gottes Vergeben kennt keine Grenzen. Es ist unbeschränkt, wie sich in dem Gleichnis von dem verschuldeten Knecht zeigt, der Schulden hat und bittet: »Herr,

---

[6] Eine eingehende Analyse der Gleichnisse vom Erbarmen und von der Vergebung findet sich bei *J. Jeremias*, Die Gleichnisse Jesu (Siebenstern Taschenbuch), München/Hamburg 1966, 84—99.

hab Geduld mit mir, ich will dir ja alles erstatten« (Lk 18,26). Und es wurde ihm die ganze Schuld erlassen, weil er darum gebeten hatte (18,32). Freilich muß man richtig verstehen, was Erbarmen und Vergebung sind. Sie wirken weder automatisch noch mechanisch, sondern setzen eine Beziehung zwischen dem Geschädigten und dem Verursacher des Schadens voraus. Der Mensch muß sich um Vergebung bemühen. Das bedeutet, daß er sich Gott zuwenden und sich seiner schwierigen Lage bewußt sein muß. Menschen, die sich für gerecht halten, die sich ohne Sünde und ohne die Notwendigkeit der Umkehr sehen, empfinden auch nicht das Bedürfnis nach Vergebung. Sie sind in Wirklichkeit Opfer eines verhängnisvollen Mißverständnisses und verstehen ihre eigene Wirklichkeit nicht richtig. Sie erliegen der Illusion des Pharisäers im Gleichnis (Lk 18,9—14), der sich für heilig hält aber so hart ist, »das Wichtigste im Gesetz außer acht zu lassen: Gerechtigkeit, Barmherzigkeit und Treue« (Mt 23,23). Deshalb ist er Sünder, ohne sich dessen bewußt zu sein. Weil er glaubt, er brauche nicht um Vergebung zu bitten, bittet er auch nicht um sie und erhält sie deshalb nicht. Gott würde ihm vergeben und wäre stets dazu bereit, nur muß sich der Sünder auch für die Vergebung öffnen. Sonst wäre sie nicht wirklich und würde die zerstörte Beziehung zwischen Gott und dem Sünder nicht wieder herstellen. Gott ist barmherzig, aber nicht gutmütig. Wenn sich der Mensch als Sünder bekennt und wie der Zöllner (der zur Zeit Jesu als Sünder galt) an seine Brust schlägt und sagt: »Gott, sei mir Sünder gnädig« (Lk 18,13), kann er sicher sein, daß er volle Vergebung erlangen wird und daß das Reich Gottes schon begonnen hat, in seinem Herzen zu wohnen.

Dieses grenzenlose Vergeben des Vaters nimmt geschichtlich Gestalt an in Jesus, der ebenfalls ohne Einschränkung vergibt — selbst seinen Henkern (Lk 23,24). Freiwillig liefert er sich ihnen aus (Mk 9,31; 14,41). Sein Leben versteht er als Hingabe an die anderen und an die Sünder, um so für alle die Erlösung zu erwirken (Mk 10,45). Er versetzt sich in die Situation der Sünder und bittet Gott für sie um Vergebung. Gott erhört ihn und läßt sich wieder mit der Welt versöhnen (1 Petr 1,18; Röm 5,8—10; Apg 8,31—35; Hebr 9,1 bis 5.28; Apk 5,9; 1 Kor 6,20; 7,23). In Jesus wird vollgültig wahr, daß die Liebe alles vergibt (1 Kor 13,4).
Da dies alles Wirklichkeit ist, können wir Gott vertrauensvoll um Vergebung bitten, wie wir es im Vaterunser tun. Durch Jesus wissen wir, daß unser Gebet erhört wird.

3. Wie auch wir vergeben

Der zweite Teil der Bitte scheint eine Bedingung für die göttliche Vergebung auszusprechen: ›Wie auch wir vergeben unseren Schuldigern‹. Matthäus zumindest legt ein solches Verständnis nahe. Denn er fügt an das Vaterunser noch zwei Sätze an: »Denn wenn ihr den Menschen ihre Verfehlungen vergebt, wird euer himmlischer Vater auch euch vergeben. Wenn ihr aber den Menschen nicht vergebt, wird euer Vater eure Verfehlungen auch nicht vergeben« (Mt 6,14—15). Handelt es sich hier um eine Beziehung nach dem Prinzip des *do ut des?* Eine Art Geschäft mit Gott? Wenn man das Problem so sieht, dann wirkt es wie das Auftauchen einer pharisäischen Gesinnung und wie das Eintreiben einer Forderung Gott gegenüber. Das aber ist der Haltung Jesu unwürdig, der ohne irgendwelche Eigensucht gelebt und gelehrt hat und grenzenlose Barmherzigkeit ist.

Das Gleichnis vom verschuldeten Knecht, dem der Herr die Schuld völlig erläßt, weil er ihn darum gebeten hat, zeigt in die richtige Richtung (Mt 18,23–35). Obwohl ihm alles vergeben wurde, vergibt er seinem Mitknecht nicht, der ihm hundert Denare schuldig ist. Deshalb läßt ihn der Herr rufen und sagt ihm: »Du elender Knecht. Ich habe dir die ganze Schuld nachgelassen, weil du mich darum gebeten hattest. Hättest nicht auch du Mitleid mit deinem Mitknecht haben müssen, wie ich dir gegenüber habe Barmherzigkeit walten lassen?« (Mt 18,32–33). Die Lehre ist eindeutig: Wenn wir um unbeschränkte Vergebung bitten und sie ohne Vorbedingungen und Einschränkungen erhalten, dann müssen wir auch dem, der uns um unbeschränkte Vergebung bittet, unbegrenzt vergeben. Es geht darum, daß wir barmherzig sind, wie auch der Vater barmherzig ist (Lk 6,36). Siebenundsiebzigmal sollen wir vergeben, das heißt: unbegrenzt (Mt 18,22), weil auch Gott immer wieder vergibt.

Es handelt sich also nicht um ein Geschäft oder eine Vorbedingung, sondern darum, die gleiche Haltung wie Gott gegenüber auch dem Nächsten gegenüber einzunehmen.. Hier liegt das Neue der Gotteserfahrung, die Jesus Christus uns vermittelt. Man kann nicht zwei verschiedene Haltungen einnehmen, die eine gegenüber Gott und die andere gegenüber dem Nächsten. Beide zusammen bilden eine Bewegung, eine Bewegung der Liebe. In der Liebe zum Mitmenschen begegne ich Gott, und Gott lieben bedeutet auch den Bruder lieben. Denn

»wer seinen Bruder nicht liebt, den er sieht, kann Gott nicht lieben, den er ja nicht sieht« (1 Joh 4,20). Gottesdienst ohne Versöhnung mit dem Bruder oder der Schwester ist Götzendienst (vgl. Mt 5,23—24). Das Grundgebot, das uns der Kolosser-Brief in Erinnerung ruft, lautet ja auch: »Wie der Herr euch vergeben hat, so vergebt auch ihr« (Kol 3,13).

Jetzt können wir das Wort Jesu in seiner vollen Bedeutung verstehen: »Erlaßt einander die Schuld, dann wird auch euch die Schuld erlassen werden« (Lk 6,37). »Mit dem Maß, mit dem ihr meßt, wird auch euch gemessen werden« (Mt 7,2). Oder mit anderen Worten: Wenn wir unserem Bruder nicht ganz verzeihen, ist das ein Zeichen dafür, daß wir den Vater nicht um volle Vergebung gebeten haben und daß wir daher unfähig waren, die unbegrenzte Vergebung Gottes zu erlangen. Wenn wir wirklich die radikale Erfahrung gemacht haben, daß unsere Sünden und Schulden uns verziehen sind, wenn wir in unserem sündigen Leben wirklich das Erbarmen Gottes gespürt haben, dann fühlen wir uns auch gedrängt, ohne Einschränkung und Vorbehalt und leichten Herzens zu vergeben. Dann gelten die Worte der Seligpreisung: »Selig die Barmherzigen, denn sie werden Erbarmen finden (Mt 5,7). Am Ende des Lebens und der Geschichte zählen nur die Werke der Barmherzigkeit, von ihnen hängt unser Heil oder Verderben ab (vgl. Mt 25,31—46). Wer seinen Brüdern und Schwestern nicht vergeben will, hat kein Recht, Gott um Barmherzigkeit zu bitten.

Wie schon die vorige Bitte um das tägliche Brot, so besitzt auch diese eine soziale Dimension.[7] Wir fühlen

---

[7] Vgl. E. *Lohmeyer*, Das Vater-unser, Zürich 1952, 129—134.

uns alle als eine Gemeinschaft von Sündern. Sowohl gegenüber Gott als auch gegenüber unseren Brüdern sind wir in Schuld. Das Brot für das Leben in Gemeinschaft ist die Vergebung und gegenseitige Barmherzigkeit. Ohne sie können die zerrissenen Bindungen nicht wiederhergestellt werden. Die Vergebung durch Gott stellt die vertikale Gemeinschaft zum Himmel hin wieder her, und die Vergebung gegenüber denen, die uns verletzt haben, knüpft die horizontalen Bande nach links und rechts wieder zusammen. Die versöhnte Welt bricht allmählich an, das Reich Gottes steht bereits vor der Tür, und die Menschen beginnen, unter dem Regenbogen des göttlichen Erbarmens zu leben. Alles das schwingt mit, wenn wir beten: ›Vergib uns unsere Schuld, wie auch wir vergeben unseren Schuldigern!‹

IX. Und führe uns nicht
in Versuchung

Ein großer geistlicher Meister sagte zu seinem Schüler:
»Du kannst nicht mit dem Tier spielen, das in dir
   wohnt,
ohne selbst ganz dieses Tier zu werden.
Du kannst nicht mit der Lüge spielen,
ohne das Recht auf die Wahrheit zu verlieren.
Du kannst nicht mit der Grausamkeit spielen,
ohne die Zartheit deines Geistes zu zerstören.
Wenn du deinen Garten sauberhalten willst,
darfst du auch nicht ein Fleckchen dem Unkraut überlassen.«

Die Bitten des Vaterunsers nehmen an Dichte zu, bis
sie schließlich in einem Angstschrei gipfeln: »Führe uns
nicht in Versuchung!« Die an den Vater gerichtete Bitte
drückt die bittere Erfahrung aus, daß der Mensch ein
schwankendes Wesen und der Versuchung ausgesetzt
ist, die Hoffnung zu verraten, Gott untreu zu werden
und der Versuchung zu erliegen und sich so selbst zu
verlieren. Tatsächlich kann der Mensch der Versuchung auch erliegen und damit für immer verlorenge-
hen. Um den Sinn dieser schmerzerfüllten Bitte tief
genug zu verstehen, müssen wir uns die Struktur der
menschlichen Existenz bewußtmachen, in die die Versuchung eindringen kann und die vor dem Scheitern
nicht gesichert ist.

1. Der Mensch: ein versuchbares Wesen

Das menschliche Leben orientiert sich grundsätzlich an zwei Blickrichtungen; die eine ist zur Erde, die andere zum Himmel gewendet. Alles Leben auf der Erde hat teil am Los der Erde: an Hinfälligkeit, Verletzlichkeit, an Grenzen verschiedenster Art und schließlich am Tod. Die Schrift nennt das Dasein des Menschen auf der Erde »Existenz im Fleisch«[1]. »Die Neigungen des Fleisches sind der Tod« (Röm 8,6). Das bedeutet nicht, daß das irdische Leben keine Dynamik und Wichtigkeit besäße. Die letzten Jahrhunderte haben gezeigt, welche unerhörten Fähigkeiten der Mensch hat, Natur und Gesellschaft zu verändern. Obgleich der wissenschaftlich-technische Fortschritt inzwischen alle Ökosysteme ruiniert hat, macht er für einen großen Teil der Menschheit das Leben bequemer und die Erde bewohnbarer. Dennoch bleibt am Ende immer die Frage des Weisen: »Was bleibt dem Menschen von all seiner Mühe und von der Sorge seines Herzens, mit der er sich mühte unter der Sonne?« (Koh 2,22). Alle Unternehmungen und geschichtlichen Leistungen tragen das Stigma der Sterblichkeit, denn wir können ja nicht alles anfangen, nicht alles tun und nicht alles werden. Mit einem Satz: Auch die größten Genies, die radikalsten Revolutionäre und die Kinder des entschiedensten Protestes müssen essen und trinken, brauchen Ruhe und Schlaf.

Anderseits wohnt dieser so eingeengte Mensch mit seinem Verlangen und seinen Antrieben auch auf den

[1] Vgl. *E. Dussel*, El humanismo semita, Buenos Aires 1969; *H. W. Wolff*, Anthropologie des Alten Testaments, München ³1976, I, § 2; *L. Boff*, Aprendendo a ser. Momentos da antropologia cristã: Grande Sinal 32 (1978) 323—334.

Sternen des Himmels. Mit der schicksalhaften Klein-
heit der Dinge gibt er sich nicht zufrieden, er sprengt
alle Grenzen und will immer auf der anderen Seite der
Barriere sein. Das ist keine Frage des Willens, es ist
ein innerer Antrieb, den der Mensch besitzt und der ihn
nach dem Unendlichen hungern und nach dem Absoluten dürsten läßt. Mit Jesus Sirach können wir sagen:
»Ist der Mensch am Ende angelangt, steht er noch am
Anfang, wenn er es aufgibt, ist er ratlos« (Sir 18,7).
Die Schrift nennt diese Seinsweise Existenz im Geist.[2]
Das ganze menschliche Wesen spürt einen Aufruf zur
Höhe, zur vollen Freiheit, zur wirklichen Vollkommenheit, zu endgültiger Nähe. »Der Geist ist es, der lebendig macht« (Joh 6,63), und »das Trachten des Geistes
führt zu Leben und Frieden« (Röm 8,6).
Das Leben im Fleisch und das Leben im Geist bilden
zusammen die objektive Struktur ein und derselben
menschlichen Existenz. Aber sie passen nicht zueinander, sie zerreißen den Menschen innerlich. Man muß
eingestehen, daß der Mensch ontologisch gesehen unaus-
geglichen ist. Eingepfercht in seine Grenzen, streckt er
sich nach dem Unbegrenzten aus. Angekettet an die
Erde, erhebt er sich zu den Sternen. Wie läßt sich das
zusammenbringen? Wie kann aus dieser Dis-phonie eine
Sym-phonie werden? Paulus macht die realistische Feststellung: »Das Begehren des Fleisches richtet sich gegen
den Geist, das Begehren des Geistes aber gegen das
Fleisch. Beide liegen miteinander im Streit, so daß ihr
nicht imstande seid, das zu tun, was ihr wollt« (Gal
5,17). Und dennoch: Das alles findet sich in ein und
derselben menschlichen Wirklichkeit.

[2] Vgl. *I. de la Potterie / S. Lyonnet,* La vie selon l'esprit, Paris
1965, 161—195.

Diese zwei existentiellen Situationen werden auch zu zwei Lebensprojekten. Das Leben ist niemals vorhanden und fertig, es muß ausgerichtet und entwickelt werden. Der eine kann ein Lebensprojekt besitzen, das nur die Dimension des Fleisches berücksichtigt. Dann begnügt er sich mit dem, was die Welt bieten kann, und verdrängt die Aufforderungen, die der Geist an ihn richtet. Paulus warnt uns vor einer solchen Grundentscheidung, weil sie nicht ins Reich Gottes führt (Gal 5,21). Ein Lebensprojekt dieser Art wirkt sich aus in Prostitution, Unlauterkeit, Ausschweifung, Götzendienst, Zauberei, Feindschaften, Zank, Eifersucht, Gehässigkeiten, Hetzereien, Entzweiungen, Spaltungen, Mißgunst, Trinkereien, Schwelgereien und was es dergleichen noch mehr gibt« (Gal 5,19—21).

Freilich dürfen wir nicht bei solchen Gemeinplätzen stehenbleiben. Denn das Lebensprojekt des Fleisches nimmt heute ganz bestimmte geschichtliche Formen an in den gesellschaftlichen Praktiken, die den Reichtum in den Händen weniger ansammeln, zum Schaden der großen Mehrheit, die zu Elend und Hunger verurteilt wird. Das Gesellschaftssystem, das in unseren Ländern herrscht, ist absolut asymmetrisch, weil es zu institutionalisierten Ungerechtigkeiten und zu sozialer Sünde führt, wie sie die Lateinamerikanische Bischofskonferenz in Puebla (Nr. 46, 495, 509, 562; 28, 487) mit prophetischer Stimme angeklagt hat. Mit seinen in das Bewußtsein der Menschen eingeimpften Verlockungen und Illusionen ist das geltende System eine dauernde kollektive Versuchung zu Egoismus, Gefühllosigkeit und Absage an die Brüderlichkeit. Es ist ein Projekt gegen das Leben, und seine Frucht ist der Tod.

Doch der Mensch kann sein Leben auch nach der Dimension des Geistes ausrichten. Dann sieht er die Gesamtheit der Lebenserscheinungen (auch die des Fleisches) in der Sicht Gottes und eines Schicksals, das allen Menschen gemeinsam ist. Dieses Lebensprojekt nach dem Geist (Gal 5,25) zeigt sich in »Liebe, Freude, Frieden, Langmut, Freundlichkeit, Güte, Treue, Sanftmut, und Selbstbeherrschung« (Gal 5,22—23). Es gibt das Leben frei, in der Schrift heißt es deshalb auch: »Wähle das Leben, und du wirst leben« (Dtn 30,19).

Auch hier ist es entscheidend, daß diese Ideale in den Grenzen unserer Zeit eine geschichtliche Gestalt annehmen. Wer sich in der gegenwärtigen Lage für Produktions- und Lebensverhältnisse einsetzt, die durch Gemeinschaft und Mitsprache auf allen Ebenen einer möglichst großen Zahl helfen, der verwirklicht das Projekt des Geistes. Nur in einer solchen Gesellschaft kommt es zu realen und nicht erträumten Bedingungen für das Reifen der Früchte, von denen Paulus spricht.

Das Drama des Menschseins besteht darin, daß sich diese zwei genannten Projekte gegenseitig durchdringen. Der Mensch, der sich für das Projekt des Geistes entscheidet, muß in sich selbst gegen das Projekt des Fleisches kämpfen, das in ihm wühlt: »In meinem Innern freue ich mich am Gesetz Gottes, ich sehe aber ein anderes Gesetz in meinen Gliedern, das mit dem Gesetz meiner Vernunft im Streit liegt und mich gefangenhält im Gesetz der Sünde, von dem meine Glieder beherrscht werden. Ich unglücklicher Mensch! Wer wird mich aus diesem dem Tod verfallenen Leib erretten?« (Röm 7,22—24).[3]

[3] Vgl. *J. B. Libânio*, Pecado e opção fundamental, Petrópolis 1975, 42—87.

Damit das Projekt des Geistes sich behaupten und durchsetzen kann, muß der Mensch Leiden und Provokation ertragen, die eine Folge seiner Treue zu der grundsätzlichen Entscheidung sind. Obwohl diese Anfechtungen sehr schmerzhaft sein können, sind sie voller Sinn: Sie bestätigen, bestärken und läutern die Grundentscheidung. Ehe Judit ins feindliche Lager geht, um Holofernes zu töten, erinnert sie in ihrer berühmten Rede vor dem Volk an etwas, was in der ganzen Bibel fast ein Gemeinplatz ist: »Laßt uns dem Herrn, unserem Gott, danken, daß er uns ebenso prüft wie schon unsere Väter. Denkt daran, was er mit Abraham machte, wie er Isaak prüfte und was Jakob im syrischen Mesopotamien erlebte ... Denn wie er diese Männer im Feuer geläutert hat, um ihr Herz zu prüfen, so hat er auch mit uns kein Strafgericht vor, sondern der Herr züchtigt seine Freunde, um sie zur Einsicht zu führen« (Jdt 8,25—27). Die Prüfung in diesem Sinn ist der Preis für die Treue zu Gott. Ihre Funktion ist nicht die Strafe, sondern die Läuterung (1 Petr 1,6). Ja, der Gläubige betet sogar um solche Prüfungen: »Erprobe mich, Herr, und durchforsche mich! Prüfe mich auf Herz und Nieren!« (Ps 26,2; 139,23). Bei anderen Gelegenheiten dankt er Gott sogar für sie: »Du hast, Gott, uns geprüft und uns geläutert, wie man Silber läutert« (Ps 66,10; Jes 48,10; Joh 23,10; Sir 44,20). Jakobus ermahnt uns, die Versuchungen als Anlaß zu »großer Freude« zu betrachten (Jak 1,2). Wir begegnen den Prüfungen in unserem Leben, damit wir das Gute noch besser tun.

Alle diese anthropologischen Überlegungen waren notwendig, um Versuchungen besser zu verstehen, die Gegenstand der Vaterunserbitte sind. Wir müssen ein moralisierendes (und sehr oberflächliches) Verständnis der Versuchungen überwinden und in eine eher strukturelle Dimension vordringen, um zu begreifen, daß sie in der Natur des Menschen selbst ihre Wurzeln haben. Ohne diese Sicht werden wir weder die Versuchungen Jesu angemessen verstehen, noch ihren für unser Leben exemplarischen Charakter begreifen.

Der Mensch ist also aus seiner Struktur heraus versuchbar und den Forderungen des Fleisches und des Geistes unterworfen. Er ist ein konkupiszentes Wesen. Das ist an sich nicht schlecht; es zeigt nur die maßlose Dynamik des fleischlich-geistigen Lebens des Menschen. Das Übel besteht nicht darin, Versuchungen zu haben, sondern darin, ihnen zu erliegen.[4] Deshalb bitten wir Gott auch nicht darum, von der Versuchung verschont zu bleiben, sondern darum, in der Versuchung nicht allein gelassen zu werden.

---

[4] Anmerkung des Übersetzers: Die in portugiesischsprachigen Ländern übliche Fassung des Vaterunsers lautet an dieser Stelle — verdeutscht —: »Und laß uns nicht in der Versuchung erliegen!« Ohne hier die Gültigkeit der griechisch-portugiesischen Übersetzung debattieren zu können, sei angemerkt, daß der Autor des vorliegenden Buches hier von der offiziellen portugiesischen Fassung des Herrengebets ausgeht. Eine Reihe seiner Ausführungen zu dieser Bitte fußen auf der Unterscheidung zwischen »in eine Versuchung hineingeraten« und »einer Versuchung erliegen«, die die deutsche Fassung des Vaterunsers »Und führe uns nicht in Versuchung!« eigentlich nicht zuläßt. Der Leser der deutschen Übersetzung dieses brasilianischen Buches ist gebeten, sich diese Schwierigkeit — zumal gegen Ende des Kapitels — zu vergegenwärtigen.

2. Der Mensch: ein labiles Wesen

Das einzige und wirkliche Unglück des Menschen besteht darin, daß er der Versuchung in der Geschichte erlegen ist und noch weiter erliegt. Wie jede Krise (ihre ursprüngliche Bedeutung ist Läuterung und Reinigung) ist dann die Prüfung nicht mehr eine Chance, weiter zu wachsen, sondern wird zum Anlaß des Falls und der Verneinung. Die Sünde im Sinn von verweigerter Gottes-, Bruder- und Weltliebe durchzieht in tragischer Weise die ganze menschliche Geschichte. Diese Tragödie ist um so furchtbarer, je mehr wir uns bewußt sind, daß die Sünde des Menschen übergroß ist. Das Zweite Vatikanische Konzil stellt fest, daß »der Mensch sich unfähig (findet), durch sich selbst die Angriffe des Bösen wirksam zu bekämpfen, so daß ein jeder sich wie in Ketten gefesselt fühlt« (Gaudium et Spes, Nr. 13). Die große Weigerung hat ihre Geschichte und ihre Opfer: im Grunde jeden Menschen, der in diese Welt kommt. Wir werden in eine — heilsgeschichtlich gesehen — verschmutzte Welt hineingeboren. Durch die geschichtliche Situation persönlicher und institutioneller Sünde werden wir blutarm gemacht, wir verlieren immer mehr die Fähigkeit, aus den Prüfungen einen Weg des Aufstiegs zu machen, und lassen zu, daß sie zu Versuchungen der Untreue und der Verneinung unseres eigentlichen Wesens entarten. Die ursprüngliche Gerechtigkeit bedeutet die Kraft, die gesamte Dynamik des Fleisches und des Geistes in einem Projekt zusammenzufassen, das in Gott seinen Mittelpunkt hatte. In diesem Projekt waren wir Gott gegenüber Kinder, den Mitmenschen gegenüber Brüder und Schwestern und im Verhältnis zur Welt freie Verwalter der Güter der Erde. Die Sünde jedoch zerriß die Bindung, und jeder Antrieb läuft in seine eigene Richtung, wodurch die menschliche Einheit zerstört wird.[5]

Warum kann der Mensch sündigen, der Wahrheit widerstehen und sich gegenüber der Gemeinschaft und Liebe gleichgültig verhalten? Hätte Gott den Menschen nicht anders konstruieren können? Gott ist nicht unbeteiligt an der Tragödie der Sünde; zwar ist er keinesfalls der Urheber der Sünden noch gestattet er sie. Obwohl er es in seiner Allmacht könnte, hat er das Begehen der Sünde weder bisher verhindert noch verhindert er es heute. Gott läßt die Sünde zu. Im Glauben wissen wir: Wenn Gott die Sünde zuläßt, dann darum, weil er aus dem Bösen ein größeres Gutes machen kann. Aber es ist uns nicht gegeben, das Offenbarwerden des größeren Guten zu erleben, wenn auch Augustinus die »felix culpa« besingt. Voller Sehnsucht hoffen wir auf die herrliche Offenbarung seines Liebesplanes (vgl. Röm 8,18). In ihrem Bestreben, die Pläne Gottes zu verstehen, versucht die Theologie, das Geheimnis des Bösen etwas zu erklären.

Es kann nur dann zur Sünde kommen, wenn vorher die Möglichkeit der Sünde besteht. Diese Möglichkeit ist eng verbunden mit dem eigentümlichen Geheimnis der Schöpfung.[6] Schöpfung bedeutet Abhängigkeit. Jedes geschaffene Wesen hängt in seiner Existenz und seinem Fortbestand von Gott ab. Es stammt von Gott,

---

[5] Zu dieser Problematik vgl.: *L. Boff,* O pecado original. Discussão antiga e moderna e pistas de equacionamento: Grande Sinal 29 (1975) 109—133; *A. Villalmonte,* El Pecado Original, Salamanca 1978.

[6] Vgl. *J. Kamp,* Souffrance de Dieu, vie du monde, Paris/Tournai 1971, 47—92; *L. Boff,* Teologia do cativeiro e da libertação, Lissabon 1976, 117—134.

existiert durch Gott und ist für Gott bestimmt. Verglichen mit der göttlichen Vollkommenheit ist die Schöpfung unvollkommen. Diese Unvollkommenheit ist aber nichts Böses, das man beklagen oder wiedergutmachen müßte. Weil die Welt weder Gott noch Emanation aus Gott (göttliche Personen) ist, ist sie von Gott getrennt und verschieden, begrenzt und abhängig. Der letzte Grund für ihre Existenz ruht nicht in ihr selbst, sodern in jemand anderem, der ihre Erklärung ist. Dies ist eine objektive Gegebenheit, die die Struktur des geschaffenen Seins beschreibt. Das Wissen von der Vollkommenheit Gottes und von der Unvollkommenheit des Geschöpfes entsteht mit dem Menschen selbst. Der menschliche Geist spürt den Unterschied zwischen der höchsten und unendlichen Wirklichkeit (Gott) und einer bedingten und endlichen Wirklichkeit (der Welt mit all ihren Wesen). Diese Erfahrung ist mit Angst und Leid verbunden, die durch keine Therapie oder Medizin geheilt werden können. Sie ergeben zusammen die ontologische Struktur des menschlichen Wesens und sind Ausdruck seiner Würde als Geschöpf. Allein der Mensch erhebt sich über die begrenzten Geschöpfe und sucht den Dialog mit dem Unendlichen. Nur er steht zwischen dem einen und dem anderen. Denn er ist weder nur ein Wesen der Welt, obgleich er zur Welt gehört, noch ist er nur ein Wesen Gottes, wenn er sich auch als Bild und Gleichnis Gottes versteht. Er wird zu einem Wesen zwischen Gott und Welt. Diese Zugehörigkeit zu zwei Dimensionen der Wirklichkeit wird vom Menschen mit Schmerzen erlebt, weil beide ihn durchbohren. Er ist Fleisch (Zugehörigkeit zur Welt) und Geist (Zugehörigkeit zu Gott), vollkommen und unvollkommen.

Diese Unvollkommenheit ist schuldlos und schafft auch keine größeren Probleme. Allerdings bildet sie die Voraussetzung für die Möglichkeit der Prüfung, Versuchung und Sünde. Der geschaffene Mensch, der selbst auch Schöpfer ist, kann diese Unvollkommenheit und Endlichkeit nicht hinnehmen. Er kann wie Gott sein wollen (Gen 3,5). Wie aber ist Gott? — Die Wirklichkeit unendlicher Güte und Liebe, die in sich selbst lebt und fortbesteht und die keine anderen Instanzen braucht. Gott ist die Wahrheit, das Gute und das Höchste. Der Mensch dagegen fühlt sich, als Geschöpf, immer wieder auf Gott verwiesen. Er existiert weder in sich noch für sich. Den Grund seines Seins findet er nicht in sich selbst, sondern in Gott. Wie Gott sein wollen heißt das Unmögliche wollen: Der Mensch kann nie Gott sein, weil er damit aufhören würde, Geschöpf zu sein. Die Sünde besteht darin, daß der Mensch seine Grenzen und das Leiden eines Geistes im Fleisch nicht hinnehmen will. Deshalb ist die Sünde immer eine Gewalttat gegen den Sinn der Schöpfung, der als solcher angenommen sein will. Diese Haltung ist Stolz (die hybris der griechischen Tragödie) und maßloser Hochmut. Darin bestehen das Böse und die geschichtliche Sünde, die aus Mißbrauch der Freiheit entstehen. Diese Sünde sammelt sich in den menschlichen Gesellschaften, wird zur Sünde der Welt, schafft sich in den Menschen und deren Lebensprojekten ihre Internalisierungsmechanismen und wird schließlich zu unserer zweiten Natur. Deshalb ist das Zusammenleben der Menschen vom Begehren im negativen Sinn bestimmt. Sie versuchen und verführen sich gegenseitig zum Bösen. So heißt es im Jakobusbrief treffend: »Gott versucht niemanden. Jeder wird von seiner eigenen Begierde

versucht, die ihn lockt und fängt« (1,13—14). Konkret
bedeutet das, daß in jedem von uns nicht nur die Aufforderung zu Altruismus, Hingabe und Gemeinschaft
lebendig ist, sondern auch der Antrieb zu Egoismus und
Rache und Mordinstinkte. Wir fühlen uns gleichzeitig
als Gerechte und Schuldner, als Unterdrückte und Be-
freite. Gibt es für uns überhaupt einen Ausweg aus
dieser tragischen Situation? Schon Paulus bewegt die
Frage: »Wer wird mich aus diesem dem Tod verfallenen Leib befreien?« (Röm 7,24). Er antwortet erleichtert: »Gott sei Dank durch Jesus Christus, unseren
Herrn!« (Röm 7,25). Wir wollen nun betrachten, wie
es dazu gekommen ist.

3. Selbst versucht, kann Jesus den Versuchten helfen

Die Schrift bezeugt ausdrücklich, daß Jesus versucht
wurde (Mk 1,13; Mt 4,3; Lk 22,28; Mt 26,41). »Er
wurde in allem versucht wie wir« (Hebr 4,15). »Da
er selbst in Versuchung geführt wurde und gelitten hat,
kann er auch denen helfen, die in Versuchung geführt
werden« (Hebr 2,18). Die Versuchung Jesu muß ganz
genau definiert werden. Sie berührt unmittelbar sein
Menschsein und mittelbar seine Göttlichkeit, weil sein
versuchtes Menschsein das Menschsein Gottes ist. In
Jesus wird der *fleischgewordene* Gott gegenwärtig, der
sich als solcher seiner göttlichen Eigenschaften entklei-
det und sich mit den Grenzen des Menschseins identifiziert. Das ist der zentrale Inhalt des Geheimnisses
der Inkarnation. Der Sohn nahm nicht eine abstrakte
Gestalt an, sondern die geschichtliche und konkrete Gestalt des Jesus von Nazaret. Nun kann man Jesus von

Nazaret in seinem Menschsein nicht außerhalb des geschichtlichen Zusammenhangs verstehen. Das heißt, das Menschsein, das er annimmt, ist gekennzeichnet von der Geschichte der Sünde, in der nicht alles auf das Projekt Gottes ausgerichtet ist. Paulus hebt das nachdrücklich hervor: »Gott sandte seinen Sohn in der Gestalt des Fleisches, das unter der Macht der Sünde steht« (Röm 8,3). Johannes sagt schlicht: »Das Wort ist Fleisch geworden« (Joh 1,14), was besagen will, daß er in unsere finstere, dekadente und rebellische Situation kam.

Da Jesus wirklich Mensch ist, hat er teil an der Grundbefindlichkeit der Konkupiszenz (im positiven Sinn), wie wir sie zuvor beschrieben haben. In ihm gibt es die Neigungen des fleischlichen und des geistigen Menschen. Solange er noch auf dem Weg ist und sich noch nicht in dem eschatologischen Zustand befindet, »ist er der Schwachheit unterworfen« (Hebr 5,2). Wie alle, die unterwegs sind, lebt er im Halbdunkel der Geschichte. Nicht alles ist durchsichtig und klar. Deshalb ist Platz für den Glauben und die Hoffnung (Hebr 12,2). Obgleich er vollkommen ist, ist er noch nicht vollendet. Er lebt in absoluter Hingabe an den Vater und in absoluter Treue gegenüber dessen Willen. Dennoch offenbart sich ihm auf seinem Weg dieser Wille erst nach und nach. Zwar fühlt er sich als der von Gott gesandte Befreier, aber die Etappen der vollständigen Befreiung sind für ihn nicht absolut einsehbar. Welche Schritte soll er als der Sohn nach dem Willen seines Vaters tun? In dem Maße, in dem Jesus seinen Auftrag ausführt, wird ihm deutlich bewußt, daß das Reich nicht durch Vermittlung politischer, sakraler oder charismatisch-wunderbarer Macht begründet wird. Sein Weg ist der des leidenden Knechtes, der des Gerechten, der sich für

die Erlösung aller Sünder hingibt. Die Versuchungen
Jesu darf man nicht als Verlockungen zum Bösen oder
zur Sünde verstehen. Weil er immer unentwegt auf den
Vater hin ausgerichtet ist, bleibt diese geschichtliche
Möglichkeit ausgeschlossen. Seine Versuchungen bestehen in der gewissenhaften Suche nach konkreten Schrit-
ten, um den Willen Gottes in der Geschichte zu verwirklichen. Hier mußte Jesus Ratlosigkeit, Enttäu-
schungen mit dem Volk, den Pharisäern und den
Aposteln und Mißverständnisse überwinden, die in Ver-
leumdungen und Verfolgungen gipfelten.[7] In diesem
Sinn wurde Jesus versucht (geprüft und auf die Probe
gestellt) und sprach »Gebete und Bittrufe mit lautem
Schreien und mit Tränen« (Hebr 5,7). Im Garten Getsemani »betete er voller Angst und noch inständiger«
(Lk 22,44). Der Hebräerbrief kommentiert mit tiefem
Verständnis für die Wirklichkeit: »Obwohl er der Sohn
war, hat er durch Leiden den Gehorsam gelernt« (5,8).
Jeder Gehorsam ist mühevoll. Auch Jesus mußte durch
diese schmerzliche Prüfung und blieb Sieger. Deshalb
kann er für die, die ihm folgen, Vorbild sein.
Die Evangelien zeichnen den Faden nach, der sich durch
das ganze Leben Jesu zieht, nämlich seine Auseinandersetzung mit Satan, der Verkörperung der Versuchung.[8]
Der Messias entwaffnet den Dämon Schritt für Schritt
und befreit dadurch die gesamte Schöpfung. So wird
Jesus unmittelbar nach seinem ersten öffentlichen Auftreten anläßlich seiner Taufe an den für den Feind
charakteristischen Ort (in die Wüste) geführt, um dort

---

[7] Vgl. *E. Schillebeeckx*, Jesus und das menschliche Lebensscheitern:
Concilium 12 (1976) 189—195.
[8] Vgl. *H. van den Bussche*, Das Vaterunser, Mainz 1963, 119 f;
E. Lohmeyer, Das Vater-unser, Zürich 1952, 135—143.

vom Verführer versucht zu werden (Mk 1,13; Mk 4,3). Der Dämon wird abgewehrt, aber er will Zeit gewinnen (Mt 8,29) und wartet den geeigneten Augenblick ab (Lk 4,13). Jesus läßt ihm keine Ruhe und vertreibt ihn dort, wo er ihn antrifft, in den Krankheiten, in der Herzenshärte der Pharisäer. Aber der Dämon ist der *inimicus homo*, der das Unkraut unter den Weizen sät (Mt 13,25.39), in das Herz des Judas eindringt (Lk 22,3; Joh 13,2.27) und Simon und die anderen Apostel wie Weizen zu sieben sucht (Lk 22,31). Jesus selbst sagt den Aposteln, daß sie in allen seinen Prüfungen bei ihm geblieben sind (Lk 22,28). Der Satan überfällt Jesus in seinem Kampf im Garten Getsemani, wo Jesus seine Jünger bittet: »Betet darum, daß ihr nicht in Versuchung geratet« (Lk 22,40). Schließlich setzt er am Kreuz noch einmal seine ganze Kraft ein, so daß Jesus fast verzweifelt schreit: »Mein Gott, mein Gott, warum hast du mich verlassen?« (Mk 15,34). Hier jedoch besiegt Jesus den Satan endgültig, weil er seinen Geist nicht ihm, sondern dem Vater übergibt (Lk 23,46).

Wie deutlich geworden ist, sind die Versuchungen Jesu nicht nur ein vorübergehender Augenblick in seinem Leben, sondern ein dunkler Schatten, der ihn auf seinem ganzen geschichtlichen Weg begleitet. Das Reich Gottes entsteht gegen das Reich des Bösen. Der Böse bleibt dabei nicht untätig, sondern läßt seine Bosheit spüren. Jesus triumphiert jedoch über die Geschichte der Sünde samt ihren Versuchungen mit seiner ganzen Leibhaftigkeit (vgl. Röm 8,3), nicht mit einer überlegenen und für die Fallstricke der Not unerreichbaren Distanz. Die Größe Jesu liegt nicht darin, keine Versuchungen gehabt, sondern darin, sie alle bestanden zu haben.

4. Aus der großen Versuchung befreie uns, Herr!

Von ihrem Anfang (Gen 3) bis an ihr Ende (Apk 3,10) sind die Menschheit und jeder einzelne der Versuchung und der Verführung ausgesetzt. Durch unser Ja zu Christus und der Gemeinde seiner Jünger sind wir aber gegen die Angriffe der Sünde der Welt gestärkt und aufgenommen in das Reich seines vielgeliebten Sohnes (Kol 1,13; vgl. Eph 6,12; Gal 1,4). Aber solange wir leben, dauert der Kampf an, und »es kommt darauf an, dem Teufel keinen Raum zu geben« (Eph 4,27). Aber es wird der Augenblick der großen und letzten Auseinandersetzung kommen, am Ende der Welt.[9] Dies ist dann »die Stunde der Versuchung, . . . um die Bewohner der Erde auf die Probe zu stellen (Offb 3,10). Nach den Worten Jesu »wird die Gesetzlosigkeit überhandnehmen, und die Liebe in vielen erkalten« (Mt 24,12). Falsche Propheten werden auftreten, große Wunderzeichen tun (Mk 13,22; Mt 24,24) und viele verführen, weil sie sich als Zeichen Christi und des Heiligen ausgeben. Wenn Gott kein Mitleid mit den Gerechten hätte, »würde keiner gerettet werden« (Mt 24,22). Die radikale Versuchung ist die der Untreue gegen Christus und sein Reich. Hier liegt die schreckliche Gefahr des Versagens und des end-gültigen Abfalls (2 Petr 2,9).

In diesem Zusammenhang hat die angstvolle Bitte des Jüngers Sinn: ›Und führe uns nicht in Versuchung!‹

---

[9] Der ursprüngliche Sinn dieser Bitte erschließt sich aus ihrem apokalyptisch-eschatologischen Kontext. Vgl. dazu: *R. E. Brown*, The Pater Noster as an Eschatological Prayer: Theological Studies 22 (1961) 204—208. Beachtenswert ist ebenfalls die Untersuchung von *K. Kuhn*, Jesus in Gethsemani: Evangelische Theologie 12 (1952) 260—285.

Die Angst wird jedoch weggeschwemmt von der frohen Gelassenheit, denn wir haben den Vater ja bereits angerufen und ihn um das Kommen des Reiches und die volle Verwirklichung seines Willens gebeten. Wir wissen schon vom Sieg Gottes in Jesus Christus. Wir haben sein Wort gehört: »Habt Mut, ich habe die Welt besiegt« (Joh 16,33), und wissen, daß sein Gebet erhört worden ist: »Ich bitte nicht, daß du sie aus der Welt nimmst, sondern daß du sie vor dem Bösen bewahrst« (Joh 17,15). Trotz alledem gilt es, wachsam zu sein (Mk 13,23) und um Beharrlichkeit bis zum Ende zu bitten; denn erst dann werden wir gerettet sein (Mk 13,13).

Die Bitte besitzt nicht nur eine universal-eschatologische Dimension, sondern bezieht sich auch auf die Eschatologie des einzelnen. Wenn wir sterben, kommen wir vor das Gericht, dieses wird zur radikalen Krise unserer Existenz, und es besteht die Möglichkeit, für das Leben im Reich Gottes gänzlich geläutert zu werden. Hier also geht es um die schwerwiegendste und letzte Entscheidung, die die Frucht aller Entscheidungen des menschlichen Lebens ist. Unsere Hoffnung kann schwankend werden und die vertrauensvolle Hingabe ermatten. Das Trugbild des Zweifels und der Verzweiflung kann sich in unserem Geist einnisten. Die Unsicherheit über den Sinn des Lebens kann das Antlitz des unendlich gütigen Vaters verdunkeln, die Gewißheit erschüttern und an dem göttlichen Heilswillen zweifeln lassen. Dann müssen wir bitten und rufen: ›Und führe uns nicht in Versuchung!‹

X. Sondern erlöse uns von dem Bösen

»Als wir eines Tages von der Arbeit zurückkamen, sahen wir auf dem Appellplatz drei Galgen. Antreten. Ringsum die SS mit drohenden Maschinenpistolen, die übliche Zeremonie. Drei gefesselte Todeskandidaten, darunter der kleine ›Pipel‹, der Engel mit den traurigen Augen.

. . .

Die drei Verurteilten stiegen zusammen auf ihre Stühle. Drei Hälse wurden zu gleicher Zeit in die Schlingen eingeführt.

›Es lebe die Freiheit!‹ riefen die beiden Erwachsenen.

Das Kind schwieg.

›Wo ist Gott, wo ist er?‹ fragte jemand hinter mir.

Auf ein Zeichen des Lagerchefs kippten die Stühle um. Absolutes Schweigen herrschte im ganzen Lager. Am Horizont ging die Sonne unter.

›Mützen ab!‹ brüllte der Lagerchef. Seine Stimme klang heiser. Wir weinten.

›Mützen auf!‹

Dann begann der Vorbeimarsch. Die beiden Erwachsenen lebten nicht mehr. Ihre geschwollenen Zungen hingen bläulich heraus. Aber der dritte Strick hing nicht reglos: der leichte Knabe lebte noch . . . Mehr als eine halbe Stunde hing er so und kämpfte vor unseren Augen zwischen Leben und Sterben seinen Todeskampf. Und wir mußten ihm ins Gesicht sehen. Er lebte noch,

als ich an ihm vorüberschritt. Hinter mir hörte ich denselben Mann fragen:
›Wo ist Gott?‹
Und ich hörte eine Stimme in mir antworten:
›Wo er ist? Dort — dort hängt er am Galgen . . .‹«

Elie Wiesel, Die Nacht (Gütersloher Taschenbücher/Siebenstern 347), Gütersloh 1980, 86—88

Wenn die Bitte ›Und führe uns nicht in Versuchung!‹ Angst ausdrückt, dann ist die Schlußbitte des Vaterunsers der lauteste Schrei des Menschen an seinen Vater: ›Sondern erlöse uns von dem Bösen!‹ Dem Gläubigen bleibt nichts mehr zu erbitten, er hat alles erbeten. Befreit von allem Übel und von dem Bösen, sind wir bereit, uns der Freiheit der Kinder Gottes im Reich des Vaters zu erfreuen. Weil das Böse besiegt ist, kann das Reich kommen und können der neue Himmel und die neue Erde anbrechen, wo der Name Gottes geheiligt und sein Wille vollkommen erfüllt wird. Entscheidend ist, daß das Böse besiegt wird; denn es bleibt in der Geschichte und bedroht die Menschen, »wie ein brüllender Löwe, der umherzieht und sucht, wen er verschlingen könne« (1 Petr 5,8).

1. Die Situation der Bosheit

Das Bewußtsein, daß es das Böse gibt, darf nicht bagatellisiert werden. Denn es handelt sich nicht um etwas Statisches oder um ein Fehlverhalten des Menschen, der das Ziel nicht erreicht, das er erreichen müßte. Das Böse ist wesentlich mehr. Es ist eine Dynamik, eine Richtung der Geschichte, ein Lebensprojekt. In diesem Sinn besitzt das Böse strukturellen Charakter. Die Struktur bestimmt ein System von Veränderungen, das allen Vorgängen Einheit und Zusammenhang, Ganzheit und Selbstregelung gibt, die es innerhalb der Grenzen des Systems hält.[1] Diese Struktur schafft sich ihre Konstellationen von Sünde und Bosheit. Konstellation ist jedes Gefüge von Elementen innerhalb eines Grundsystems, das einen bestimmten geschichtlichen Augenblick charakterisiert. Die bösen Taten sind Ausdruck schon bestehender Strukturen und Konstellationen. Die Menschen können sich diese Strukturen und Konstellationen aneignen, sie in ihrer Existenz verinnerlichen und zu ihren wahren Lebensprojekten machen, so daß sie ungerechte und sündhafte Handlungen begehen. So klagt Puebla zum Beispiel das kapitalistische System als »ein System der Sünde« (Puebla 92[1a]) an. Vor allem ist es dafür verantwortlich, daß sich auf dem lateinamerikanischen Erdteil »Strukturen der Sünde« (Puebla 452) herausbildeten und ein »schwerwiegender Strukturkonflikt« entstand: »Der wachsende Reichtum einiger weniger geht Hand in Hand mit dem wachsenden Elend der Massen« (Puebla 1209). Dieses System schafft sich seine ökonomischen Konstellationen und politischen Konflikte: Unterdrückung der Gewerkschaften und der politischen Gruppen, Diktaturen im Namen der nationalen Sicherheit, soziale Krisen usf. Die politischen Er-

---

[1] Vgl. *J. Piaget*, Le Structuralisme, Paris 1968, 5—16; deutsch: ders., Der Strukturalismus, Olten/Freiburg 1973, bes. 8.

[1a] Anmerkung des Übersetzers: So heißt es in der von der Bischofskonferenz am 13. Februar 1979 beschlossenen Fassung; in der am 23. März 1979 vom Papst approbierten Version lautet die Stelle: »ein System, das deutlich von der Sünde gekennzeichnet ist«.

eignisse, von denen die Tageszeitungen berichten, sind die Folge dieser Situation. Die einzelnen Menschen richten ihr Lebensprojekt nach diesem System, das seinem Wesen nach bestimmte Klassen ausschließt, weil es Reichtum und Güter in den Händer einiger weniger aufhäuft, die kaum gesellschaftliche Verantwortung tragen, das System stützen und schließlich an seiner Ungerechtigkeit beteiligt sind.[2] So entsteht der Kreis des Bösen.

Das Böse existiert in der Geschichte, weil es die Versuchung gibt. Die Menschen sind der Versuchung erlegen, haben gesündigt, sich Appellen des Gewissens verschlossen und die Stimme Gottes überhört, die sich durch die Zeichen der Zeit zu verstehen gibt.[3] Die Sünde entwickelte ihre eigene Geschichte, schuf sich ihre Produktionsmechanismen und gewann ihre relative Autonomie. Sie kann so sehr auf jedem einzelnen von uns lasten, daß wir uns von ihr versklavt fühlen: »Wie ein Sklave bin ich an die Sünde verkauft ... Ich tue nicht das Gute, das ich will, sondern das Böse, das ich nicht will ... Ich sehe ein anderes Gesetz in meinen Gliedern, das mit dem Gesetz meiner Vernunft in Streit liegt und mich gefangenhält im Gesetz der Sünde« (Röm 7,14.19.23). Wir leben in einer Situation der Sünde, die Johannes »Sünde der Welt« nennt (Joh 1,29), was aber nicht bedeutet, daß die Welt Sünde ist. Denn die Welt ist zuallererst die gute Schöpfung Gottes, in die der Vater seinen vielgeliebten Sohn sandte

[2] Vgl. *E. Támez / S. Trinidad u. a.*, Capitalismo: violencia y anti-vida, 2 Bde., Costa Rica 1978.
[3] Vgl. *C. Boff*, Os sinais dos tempos. Pautas de leitura, São Paulo 1979 (zweifelsfrei die gründlichste Untersuchung zu diesem Thema).

(Joh 1,9—10; 3,16; 2 Kor 5,19; 1 Tim 1,15). Aber sie
wurde im Lauf der Geschichte durch die geschichtliche
Bosheit des Menschen verdorben, so daß »die Sünde
in die Welt kam« (Röm 5,12) und die Welt zwar nicht
ganz, aber tief verderben konnte (vgl. Jak 1,27). So
wie die Welt gegenwärtig ist, ist sie von Feindschaft
gegenüber Gott charakterisiert (Jak 4,4), stimmt zur
Trauer (Röm 7,10) und hat Jesus Christus verkannt
(Joh 1,10). Welt ist also keine metaphysische, sondern
eine historische Kategorie. Es geht um diese Welt und
diesen Typ von Menschen, der die Macht hat, »die
Wahrheit in der Ungerechtigkeit gefangenzuhalten«
(Röm 1,18), »das Blut der Propheten von Anbeginn
der Welt zu vergießen« (Lk 11,50) und sich mit jeder
Art von Falschheit und Sünde zu beladen (vgl. Mt 23,
29—36).
Die Schwere der Sünde besteht darin, daß sie eine
Situation oder eine Struktur schafft. Jede Situation hat
dabei ihre besondere Selbständigkeit und Objektivität.
Deshalb ist die Sünde nicht nur persönlicher, sondern
vor allem gesellschaftlicher und geschichtlicher Art.
»Situation ist ein Komplex von Umständen, in die
jemand oder etwas sich in einem bestimmten Augenblick gestellt sieht. Die Situation steht oder liegt ›um‹
eine bestimmte Person, sie gehört zu ihrer ›Umwelt‹.«[4]
Diese Situation war nicht schicksalhaft, ist aber ver-
hängnisvoll geworden. Sie war nicht schicksalhaft, weil
sie von den Menschen im Lauf der ganzen Geschichte
erst geschaffen wurde. Die Sünden sterben nicht mit
den Menschen, sondern dauern fort in den Werken, die

---

[4] *P. Schoonenberg*, Die Sünde der Welt, in: J. Feiner / M. Löhrer
(Hrsg.), Mysterium Salutis II, Einsiedeln/Zürich/Köln 1967,
890.

die Menschen überleben, in den Institutionen, Vorurteilen, den moralischen und juristischen Normen, und in den kulturellen Gewohnheiten. Sehr vieles davon dauert fort als Laster, als rassische und moralische Diskriminierungen sowie Ungerechtigkeiten gegen Gruppen und Menschenklassen. Durch die einfache Tatsache, daß jemand als Neger oder Armer geboren wird, ist er schon gesellschaftlich gebrandmarkt. Eine solche historisch entstandene Situation wird zum Verhängnis für die, die in sie hineingeboren werden. Sie werden Opfer der Sozialisations- und Internationalisationsprozesse der traditionellen Normen, die sehr oft zu Bosheit und Sünde führen. Unabhängig von seinem Willen und seiner Entscheidung befindet sich der Mensch in einer solchen Situation, dadurch hat er teil an der Sünde der Welt. In dem Maß, in dem er diese Situation hinnimmt und akzeptiert, vermehrt er die Sünde der Welt durch seine eigenen Sünden. Auf der einen Seite ist er also Opfer der Sünde der Welt (weil er in einer bestimmten Situation lebt), auf der anderen Seite trägt er aber auch durch seine persönlichen Sünden zur Fortsetzung der Sünde der Welt bei (er hilft mit, diese Situation zu erhalten und wieder herzustellen). So herrscht unter allen Menschen im Lauf der ganzen Geschichte eine schreckliche Solidarität im Bösen (Röm 5,12.17). Aber wir dürfen nicht aus den Augen verlieren: Wenn die Solidarität mit dem alten Adam schon groß war, dann ist sie mit dem neuen Adam noch viel größer; denn »wo die Sünde mächtig wurde, ist die Gnade übergroß geworden« (Röm 5,20), und »wenn der Tod auch herrschte, so wird das Leben um so mehr herrschen« (Röm 5,17). Doch dürfen wir die Bedeutung des Bösen nicht verkleinern, denn es ist so stark, daß es den in unserer Geschichte inkarnierten Sohn Gottes (Joh 1,11) zu eliminieren vermochte. Und es läßt nicht ab, die Kinder Gottes bis auf den heutigen Tag zu bedrängen.[5]

2. Verkörperungen der Bosheit

Wer steht hinter dem Bösen? Wer ist der Verursacher der Bosheit? Die Auskunft der Schrift in diesem Punkt ist völlig eindeutig. Es gibt ein geistiges Wesen, das ausdrücklich der »Verführer« genannt wird (Mt 4,3), der »Feind« (Mt 13,39; Lk 10,19), der große Drache (Offb 13; 20,2), die alte Schlange (Offb 12,9; 20,2; 12,14; 2 Kor 11,3), der Mörder und Lügner von Anbeginn (Joh 8,4; 1 Joh 3,8), der Teufel (Mt 13,39; Lk 8,12; Apg 10,38), Satan (Mk 3,23.26; 4,15; Lk 9,16), Beelzebul (Mt 12,24.27; Mk 3,22; Lk 11,15.18.19) und Fürst dieser Welt (Joh 12,31; vgl. 2 Kor 4,4; Eph 2,2). Er ist einfach der Böse, der Urheber von Lüge, Haß, Krankheiten und Tod (Mk 3,23—30; Lk 13,16; Apg 10,38; Hebr 2,14). Wer der Gerechtigkeit nicht entspricht oder seinen Bruder nicht liebt (1 Joh 3,10), zeigt, daß er Kind des Teufels ist wie Kain (1 Joh 3,12) oder Judas Iskariot (Joh 6,70—71; 13,2.27). Das Unkraut sind die Kinder des Bösen, die sich den Kindern des Lichtes widersetzen (Mt 13,38), das ja das Reich Gottes ist.

Wie aber hat man sich dieses bösartige geistige Wesen vorzustellen? Handelt es sich um ein Wesen, das Gott

[5] Vgl. *L. Boff*, O pecado original. Discussão antiga e moderna e pistas de equacionamento: Grande Sinal 29 (1975) 109—133.

gut erschaffen hatte, das sich aber bei einer Herausforderung gegen Gott erhob und durch Selbstüberschätzung zum Bösen wurde? Oder handelt es sich um ein literarisches Hilfsmittel, um eine metaphorische Personifikation, die unsere Erfahrung ausdrücken soll, daß wir uns als Gefangene einer allgemeinen Bosheit empfinden, die geschichtlich durch den Abfall des Menschen entstanden ist? Diese Frage ist wichtig für diese letzte Bitte des Vaterunsers. Ist das ›Böse‹ zu verstehen als der Böse oder als die Bosheit? Beten wir: Erlöse uns von dem Übel (von Sünde, Verzweiflung, Krankheit, Tod), oder heißt es: Erlöse uns von dem Übeltäter (vom Teufel, vom Satan)?

Die Ansichten der Exegeten gehen nach wie vor auseinander; denn von der Grammatik kann die Frage nicht befriedigend beantwortet werden.[6] Die große Mehrheit aber versteht ›vom Bösen‹ im Sinn von Übel-

---

[6] Vgl. L. *Sabourin*, Il vangelo di Matteo. Teologia e esegesi, Rom 1976, 448—450; *J. Schmid*, Das Evangelium nach Matthäus (Regensburger Neues Testament 1), Regensburg 1965, 133—135; *E. Lohmeyer*, Das Vater-unser, Zürich 1952, 147—162. Im Griechischen heißt es: *apo tou ponerou*. Das Substantiv *(ponerou)* steht im Genitiv. Der grammatischen Form nach ist nicht zu entscheiden, ob der Nominativ des Neutrums *(poneron)* oder des Maskulinums *(poneros)* gemeint ist. Im ersten Fall bedeutete das Substantiv die Bosheit, das Übel an sich, im zweiten Fall hingegen den bösen Feind, den Übeltäter. Wahrscheinlich haben wir es aber mit dem Maskulinum *(poneros)* — mit dem bösen Feind — zu tun. Darauf deutet der Artikel *tou* hin. Für den Fall, daß das *poneron* — das Übel — Neutrum wäre, hätte normalerweise der Artikel fehlen müssen. Die Bitte findet sich nur bei Matthäus, sie fehlt bei Lukas. Die griechischen Kirchenväter, die ja ein besonderes Gespür für ihre Sprache hatten, interpretierten es als Maskulinum im Sinne des bösen Feindes. Die lateinischen Kirchenväter verstanden es dagegen — da es im Lateinischen keinen Artikel gibt: *libera nos a malo* — als Neutrum: Bosheit, Übel.

täter (Satan, Teufel). Dann würde die abschließende Bitte die vorausgehende bekräftigen: ›Und führe uns nicht in Versuchung‹, und vor allem (= ›sondern‹) ›befreie uns von dem Übeltäter!‹

Wie wir schon mehrmals gesagt haben, steht das Vaterunser in einem eschatologisch-apokalyptischen Zusammenhang. Am Ende der Geschichte wird es zu der großen Auseinandersetzung zwischen Christus und dem Antichrist kommen, zwischen den Kindern des Reiches und den Kindern des Bösen (Mt 13,38). Beide Seiten werden all ihre Kräfte einsetzen. Der historisch geschwächte und sündige Mensch wird einer äußerst großen Gefahr ausgesetzt sein durch ihn, denn er kann abfallen und in die Falle des Teufels geraten. In dieser Lage bittet der Gläubige aus der Tiefe seines Seins und seiner Angst: ›Vater, befreie mich vor dem bösen Feind, wenn er kommt!‹ Das griechische Original sagt nicht: ›Befreie (bzw. erlöse) uns *von* dem Bösen!‹, sondern: ›Befreie uns *vor* (apo) dem Bösen!‹. Das heißt: Reiße uns los und bringe uns in das Reich der Himmel, bevor jener seine ganze Kraft und alle seine Listen einsetzt. Der Kolosserbrief sagt dazu treffend: Der Vater »hat uns der Macht der Finsternis entrissen (von ihr befreit) und uns in das Reich seines geliebten Sohnes versetzt« (Kol 1,13).

Aber auch wenn die Exegeten den ›Bösen‹ maskulin im Sinn von ›Übeltäter‹ oder ›böser Feind‹ interpretieren, ist damit noch nicht das theologische Problem geklärt, das die Existenz des ›Übeltäters‹ (Satan, Teufel) darstellt. Denn es reicht nicht, wenn man feststellt, die Schrift spreche klar und eindeutig von dem ›bösen Feind‹. Man muß nach dem realen und theologischen Inhalt dieses Ausdrucks fragen: Handelt es sich um ein geistiges Wesen oder um eine literarische Verkörperung der Summe alles Bösen? Zur Beantwortung dieser Frage braucht man mehr als nur eine kritische Exegese. Eine erkenntnistheoretische und theologische Überlegung sind dazu nötig.

Bekanntlich ist in der systematischen Theologie die Frage der Dämonen heftig umstritten.[7] Nicht wenige Theologen neigen dazu, den Dämonen eine rein symbolische Existenz zuzusprechen. Wichtig ist in diesem Zusammenhang eine Überlegung des bedeutenden katholischen Exegeten Rudolf Schnackenburg: »Aktuell geworden ist auch wieder die Frage, ob man den Satan (von allen mythologischen und vermenschlichten Vorstellungen abgesehen) als personale geistige Macht verstehen muß oder auch nur als Verkörperung des Bösen, wie es durch das Handeln des Menschen geschichtsmächtig wird, interpretieren darf. Heute würde ich nicht mehr so entschieden wie damals für die erste Auffassung eintreten. Die Debatte um die Entmythologisierung mahnt zur Vorsicht. Die Frage, wie weit die an ein überholtes Weltbild gebundenen Aussagen des Neuen Testaments für unser heutiges Verständnis — ohne Aufgabe des Offenbarungsgehalts — neu interpretiert werden können und müssen, ist schwierig und von einem Exegeten allein nicht zu beantworten. Das gilt auch für den jetzt neu entbrannten Streit um Engel und Teufel. Die Variabilität der Aussagen, die vorgeprägten Stilformen, die vielfältigen Wurzeln gerade bei den Sa-

---

[7] Vgl. die zwei Grundpositionen bei: *Ch. Duquoc*, Satan — symbole ou réalité: Lumière et Vie 78 (1966) 99—105; *H. Haag*, Abschied vom Teufel, Einsiedeln ⁴1973; *J. Ratzinger*, Abschied vom Teufel?, in: ders., Dogma und Verkündigung, München 1973, 225—234.

tans-, Dämonen- und ›Mächte‹-Vorstellungen machen geneigt, Aussageweisen anzunehmen, die nicht wörtlich und real auszulegen sind.«[8]

Diese Position zeugt von großer intellektueller Redlichkeit gegenüber den Erkenntnissen der exegetisch-wissenschaftlichen Forschung und von dem Wissen um die Schwierigkeiten, das Problem allein mit Hilfe dieser Wissenschaft zu klären. Wir möchten hier in einer Frage, die noch in der Diskussion ist, keine Entscheidung fällen.[9] Aber wir möchten auf die Tatsache hinweisen, daß es der universalen religiösen Gedankenwelt eigentümlich ist, nicht von abstrakten Prinzipien auszugehen, sondern von guten oder bösen, jedenfalls lebendigen Kräften, die dann zu objektiven metaphysischen Größen werden.[10] Das Böse und das Gute werden wie die Gnade nie vage und abstrakt erlebt. Immer haben wir es mit konkreten günstigen oder ungünstigen Situationen zu tun, mit historischen Mächten, die eine würdige und brüderliche Gesellschaft zersetzen oder aufbauen, mit Ideologien der Macht und der Herrschaft oder mit Ideologien der Zusammenarbeit und Mitsprache, mit den konkreten Trägern in Form von Gruppen oder Personen, die diese Ideologien in gesellschaftlichen Praktiken verkörpern. Das Böse hat ein ganz bestimmtes Gesicht, obwohl es immer Masken und Verkleidungen benützt.

Im Alten Testament zum Beispiel treten bestimmte In-

[8] Der Sinn der Versuchung Jesu bei den Synoptikern, in: Schriften zum Neuen Testament, München 1971, 127.
[9] Vgl. dazu das grundlegende Buch von *H. Haag*, Teufelsglaube (mit Beiträgen von K. Elliger, B. Lang, M. Limbeck), Tübingen 1974.
[10] Vgl. *G. van der Leeuw*, Phänomenologie der Religion, Tübingen 1956, § 15, 141—149; § 19, 185—195.

karnationen politischer Macht auf, die sich gegen Gott und sein heiliges Volk erheben: Gog im Land Magog (Ez 38) oder — im Buch Daniel — das vierte Tier mit dem »kleineren Horn« (7,7—8), das wahrscheinlich das syrische Reich unter Antiochus IV. Epiphanes (175—164 v. Chr.) bedeutet, von dem das Volk Israel hart unterdrückt wurde (Dan 7,25). In apokalyptischen Kreisen entwickelt sich eine Theologie des ›Tyrannen der Endzeit‹ als des letzten und großen Gegners Gottes. Das Neue Testament greift die Figur des Antichrist auf (2 Thess 2,1—12; Offb 13,1—11; 1 Joh 2,18—19; 4,3; 2 Joh 7). Er wird eine ähnliche Parusie haben wie Christus und eine Gemeinde von Bösen um sich sammeln (2 Thess 2,9; Offb 13,8). Christus verkörpert das »Geheimnis der Frömmigkeit« (1 Tim 3,16), der Antichrist das des Frevels (2 Thess 2,7).[11]

Die religiöse Metaphysik mit ihrer Neigung zur Konkretisierung hypostasiert diese Wirklichkeiten in einem übernatürlichen Szenarium. Das ist die ihr eigentümliche Form der Sprache und Grammatik ihrer Darlegung. Das theologische Verstehen aber versucht, gerade hinter die Bilder zu sehen und im Rahmen des Möglichen die gemeinten Wirklichkeiten und die entsprechenden Begriffe zu identifizieren. Obwohl sie zu entsakralisieren scheint, bemüht sie sich, die gemeinten Wirklichkeiten als innergeschichtliche Realitäten und Manifestationen der menschlichen Bosheit zu verstehen, die in kollektiven Kräften und Formen Gestalt gewinnt, vor denen sich der einzelne nur schwer schützen kann. ›Der Böse‹ wäre dann einfach die Organisation der Ungerechtigkeit, das Abirren des Menschen von seinem

---

[11] Vgl. *J. Ernst*, Die eschatologischen Gegenspieler in den Schriften des Neuen Testaments, Regensburg 1967, 211—240.

eigentlichen Weg, das Abirren, das in der Geschichte immer weiterging und das immer Widerstand leistet und leisten wird gegen den Geist Gottes, den Geist der Gerechtigkeit und der Güte, mit einem Wort: gegen die Realitäten des Reiches.

Wir können davon ausgehen, daß diese psychosoziale Entwicklung nicht selbstverständlich in die Richtung zunehmender Wahrheit, Eintracht, Gemeinschaft und Teilhabe aller an allem läuft, sondern in die Richtung sich verschärfender Widersprüche. So gesehen bedeutet die Vollendung der Welt einen gewaltigen Prozeß der Katharsis und der läuternden Krise, an dessen Ende Gott triumphieren und die Geschichte in eine übergeschichtliche Zeit führen wird. *Et tunc erit finis*, das heißt: dann wird in einem doppelten Sinn das Ende sein. Enden wird diese dialektische Form der Geschichte, und es wird ein neues Ziel der Geschichte sichtbar werden, ein Ziel in Gott, das die Menschen ersehnt und gewünscht haben. Der Glaube drückt diese Wahrheit in seiner symbolischen Sprache so aus: »Dann wird der Gesetzlose allen sichtbar werden. Jesus, der Herr, wird ihn durch den Hauch seines Mundes dahinraffen und durch den Glanz seiner Ankunft vernichten« (2 Thess 2,8).

3. Jesus und der Sieg über das Böse

In allen Texten des Neuen Testaments ist die einmütige und feste Überzeugung lebendig, daß Jesus der große Befreier von der Macht des Satans ist.[12] Für das da-

[12] Eine systematische und mit der gebotenen exegetischen Schärfe vorgenommene Untersuchung zur Frage ›Jesus und die Wirk-

malige mythologische Verständnis sind alle Unglücks-
fälle und Krankheiten unter den Menschen Ausdruck
der Macht des Satans. Er hält die Menschheit gefangen,
weil sie allen denkbaren Drangsalen ausgeliefert ist.
Jetzt aber ist der Stärkere erschienen, der den Starken
besiegt (Mt 3,27). Auch Jesus teilt diese religiöse Metaphysik. Er versteht Satan als eine Macht in der Geschichte (dynamis: Lk 10,19), die wie ein Heer von Sol-
daten organisiert ist (vgl. Mk 5,9; Mt 10,25). Er selbst
ist sich dessen bewußt, daß das Ende der Macht des Satans gekommen ist: »Wenn ich durch den Finger Gottes die Dämonen austreibe, dann ist das Reich Gottes
schon zu euch gekommen« (Lk 11,20). Das Reich Gottes
entsteht gegen das Reich dieser Welt und fügt dem Bösen Niederlagen zu (vgl. Mk 1,23—25.39; 4,39; Lk 13,
16.[13] Jede Dämonenaustreibung bedeutet einen weiteren
Schritt zum Sieg über ihn und nimmt seine endgültige
Niederlage vorweg. Diese siegreiche Kraft wird den
Jüngern gegeben (Mk 6,7; Mt 10,8; Lk 10,19). Als die
zweiundsiebzig Jünger voller Freude von ihrer Mission
zurückkommen und sagen: »Herr, sogar die Dämonen
gehorchen uns in deinem Namen«, freut sich Jesus mit
ihnen und antwortet: »Ich sah Satan wie einen Blitz vom
Himmel fallen« (Lk 10,17—18). Es ist dies eine Vision
Jesu. In der Überwindung der Macht Satans erblickt er
den Anbruch der paradiesischen Verhältnisse, in denen

---

lichkeit des Bösen‹ bietet *H. Haag*, Jesus und die Realität des
Bösen, in: Teufelsglaube. Vgl. ferner *W. Kasper*, Die Lehre der
Kirche vom Bösen: Stimmen der Zeit 103 (1978) 507—522; auch
in: *R. Schnackenburg* (Hrsg.), Die Macht des Bösen und der
Glaube der Kirche, Düsseldorf 1979, 68—84.
[13] Vgl. *J. Jeremias*, Der Sieg über Satan, in: ders., Neutestamentliche Theologie, Gütersloh ²1973, 98 f.

der Mensch mit der Natur versöhnt sein wird; denn
»nichts wird euch schaden können« (Lk 10,19).

So wichtig diese Perspektive in den Evangelien auch
ist, wir dürfen nicht vergessen, daß sie unscharf ist.
Denn das eigentliche Anliegen Jesu besteht nicht so
sehr im Sieg über den bösen Feind als in der Verkündigung der Frohen Botschaft vom Heilswillen Gottes,
vor allem für die Bedürftigen. Die Krankenheilungen
sind — mehr als die Siege über die teuflische Seite des
Lebens — Manifestationen der Gegenwärtigkeit des
Reiches, Manifestationen der neuen von Gott gewoll-
ten Ordnung und des Anbruchs der neuen Zeit. Deshalb
sind die Apostel glücklich darüber, daß sie sehen, was
viele Propheten und Könige gern gesehen hätten und
doch nicht gesehen haben (Lk 10,23f; Mt 13,16f). Folg-
lich verlangt Jesus von denen, die ihm nachfolgen wollen, nicht die Absage an den Teufel, wie das die Mön-
che in Qumran taten, sondern das Bekenntnis zum Reich
Gottes. In seinen Mahnreden warnt er nicht vor un-
kontrollierbaren und teuflischen Kräften, sondern vor
den Regungen des eigenen Herzens, die das Leben
verderben (vgl. Mk 7,15). Was den Menschen hindert,
in das Reich zu kommen und den transzendenten Sinn
seines Lebens wiederzufinden, ist nicht so sehr der Teufel, sondern der Reichtum (Lk 6,24—25; 12,13.21; 16,
13), übertriebene Sorgen (Mt 6,19—34), Konzentra-
tion auf sich selbst (Mk 9,43—48), hartes Urteilen
über andere (Mt 7,1—5), der Wille zu Macht, Ehre
und Ansehen (Mk 10,35—45), übertriebene und un-
fruchtbare Frömmigkeit (Mk 11,15—19), Leichtgläubig-
keit gegenüber dem, was andere sagen (Mk 13,5—7),
und die Versuchung, den guten Glauben der Mitmenschen zu mißbrauchen (Mk 9,42; Mt 18,6; Lk 17,1—3)[14]

Der Hauptgrund für alles Übel der Welt liegt in der Gefühllosigkeit, im Fehlen von Solidarität und im Mangel an Liebe. Gerade das kritisiert Jesus an den Pharisäern (Mt 23,23), und das sind auch die wirklichen Dämonen, die wir aus unserem Leben austreiben müssen. Wo das erreicht ist, zeigt sich der Sieg der Gnade Gottes in der Welt. Die Nachfolge Jesu, die das zentrale Thema der Evangelien ist, fordert diese neue Mentalität, die wirklich den Menschen für den Menschen befreit. »Wenn Gott für uns ist, wer ist dann gegen uns?« (Röm 8,31).

4. Der letzte Schrei des Menschen: Vater, befreie uns!

Der Ausdruck, der in der griechischen Form des Vaterunsers für ›Erlösung, befreie uns‹[15] benutzt wird, ist *rhysai*. Sein ursprünglicher Sinn deckt sich weder ganz mit dem lateinischen *liberare*, noch mit dem portugiesischen *livarar* oder *libertar*, noch mit dem deutschen *befreien*. Befreiung setzt in unserem normalen Sprachgebrauch die Erfahrung von Gefangenschaft, Angekettetsein und Unterdrückung voraus. Dieser Sinn ist auch richtig, weil die Sünde und der Böse das Leben der Menschen versklaven. Gott erweist sich als der wahre Be-

---

[14] Vgl. *H. Haag*, Teufelsglaube, 316.
[15] Anmerkung des Übersetzers: Auch an dieser Stelle bedarf es eines Hinweises auf eine Besonderheit der offiziellen portugiesischen Übersetzung des Vaterunsers. Verdeutscht heißt es hier: »*Befreie* uns von dem Bösen!«, während die deutsche Version lautet: »*Erlöse* uns von dem Bösen!« Die portugiesisch-deutsche Übersetzung des vorliegenden Buches hält sich auch an dieser Stelle weithin an das brasilianische Original.

freier (Ps 17,1.47; 69,6; 143,2; Dtn 6,21). Hieronymus übersetzt deshalb in der Vulgata das befreiende Eingreifen Gottes mit dem Verbum *liberare* (etwa 200-mal)[16] »Ein verläßlicher Zeuge befreit das Leben« (Spr 14,25). Gott ist es, »der aus allem Übel befreit« (Weish 16,8; Mt 6,13). Er befreit das Volk aus der pharaonischen Gefangenschaft (Ex 3,8; 14,30; 18,10). Aber die eigentliche Bedeutung des griechischen Verbums *rhyesthai* ist, jemanden unmittelbar vor dem Sturz in den Abgrund retten, vor den Gefahren des Weges schützen und vor einem Hinterhalt auf der Reise bewahren. So kann der Psalmist beten: »Vor der Schlinge, die sie mir legen, errette mich! ... Die Frevler sollen sich in ihren eigenen Netzen fangen, während ich heil entkomme!« (Ps 141, 9—10). »Entreiß mich dem Sumpf, damit ich nicht versinke. Ziehe mich heraus aus dem Haß meiner Gegner, aus den tiefen Wassern!« (Ps 69,15). »Errette mich aus der Schlinge des Jägers!« (Ps 91,3).

Der letzten Bitte des Herrengebets liegt die Erfahrung zugrunde, daß das Leben ein Weg und der Bund mit Gott ein Gehen auf den Wegen Gottes ist. Den Weg entlang lauern vielerlei Gefahren: bedrohliche Abgründe, feindliche Hinterhalte und brutale Überfälle. Bildlich gesprochen könnte man sagen: Was tut der böse Feind? Sein Geschäft ist es, die Menschen zu verführen, vom richtigen Weg abzubringen und in die falsche Richtung zu schicken. Und was tut Gott? Gott schützt die Menschen vor Gefahren, rettet sie aus Hinterhalten und zeigt ihnen immer die richtige Richtung. Zu Jakob

---

[16] Reallexikon für Antike und Christentum, Bd. 8, 1972, 303, Stichwort: **Freiheit**.

sagt Gott: »Ich bin mit dir, ich behüte dich, wohin du auch gehst, und bringe dich zurück in dieses Land. Denn ich verlasse dich nicht, bis ich vollbringe, was ich dir versprochen habe«« (Gen 28,15). Bei Jesaja steht zu lesen: »So spricht der Herr, dein Befreier, ... Ich bin der Herr, ... der dich auf den richtigen Weg führt« (48,17). Fast anklagend fragt der Prophet Gott: „Herr, du bist unser Vater, ›unser Befreier von jeher‹ wirst du genannt ... Warum läßt du uns von deinen Wegen abirren?« (Jes 63,16—17). Was aber sind die Wege Gottes? Es sind die Wege, die zu Gerechtigkeit, Wahrheit und Brüderlichkeit führen, die die Mächte des Egoismus und der Unterdrückung überwinden. Wie die angeführten Texte belegen, begegnet uns ›Befreiung‹ immer im Zusammenhang mit Begriffen wie Weg, Gefahren des Weges, Weg der Verwirklichung oder des Scheiterns menschlicher Pläne.

Jede Generation hat ihren eigenen Bösen, vor dem sie sich besonders schützen und Gott um Hilfe bitten muß. Dieser Böse verkörpert die allgemeine Bosheit, die sich durch die ganze Geschichte der Menschheit zieht. In unseren Tagen tritt der Böse, der Gott beleidigt und den Menschen demütigt, in der Gestalt des kollektiven Egoismus auf, der die Folge eines elitären Gesellschaftssystems ist, das keine Solidarität kennt und die große Mehrheit des Volkes in Armut stürzt. Es ist sowohl der Privatkapitalismus als auch der Staatskapitalismus. Im Namen des Gewinns, der besonderen Vorrechte und der Privilegierten des Staatsapparats werden die Menschen terrorisiert, viele von ihnen werden eingesperrt, gefoltert und getötet. Zwei Drittel der Weltbevölkerung sind gefangen unter dem Joch einer Legion von Dämonen des Hungers, der Krankheit, der Zerstörung der Familien und des Mangels an Wohnungen, Schulen und Krankenhäusern. Auch dieser Böse hat seine Verführungskünste, schleicht sich in die Mentalität ein und macht das Herz gefühllos für seine ungerechten Strukturen.

In seinem eschatologisch-apokalyptischen Kontext läßt der Böse, auf den sich die Bitte des Vaterunsers direkt bezieht, vermuten, daß sich die Menschheit auf das Ende ihrer Geschichte zubewegt. Auf dieser letzten Etappe stellen sich ihr noch einmal alle Hindernisse in den Weg, brechen alle Abgründe wieder auf, und die Gefahr, daß das ganze Projekt des Guten scheitert, erreicht ihren Höhepunkt. In dieser angsterregenden Situation rufen der Gläubige und die ganze Gemeinde: ›Vater, rette uns vor dem bösen Feind und von allem Übel!‹ ›Wie du uns nicht der Versuchung erliegen läßt, bewahre uns vor den Nachstellungen des Bösen!‹ Aber die Gefahr bricht nicht erst am Ende der Geschichte über uns herein, sondern wird schon jetzt zur Struktur. Überall lauert sie uns auf und will uns ins Verderben stürzen. Deshalb rufen wir zum Vater: ›Befreie, erlöse uns von dem Bösen;‹ ›Beschütze uns davor, daß wir der Güte untreu werden! Laß nicht zu, daß wir uns von dir entfernen!‹

Wenn wir so aus der Tiefe des Herzens gebetet haben, dann können wir beruhigt sein. Denn er, Jesus, hat uns ja zugesichert: »Wenn ihr mich um etwas in meinem Namen bittet, werde ich es tun« (Joh 14,14). »Habt Mut! Ich habe die Welt besiegt« (Joh 16,33). »Richtet euch auf, faßt Mut! Denn eure Erlösung ist nahe« (Lk 21,28).

XI. Amen

»Vater unser! Wenn du im Himmel bist
und dein Name heilig ist,
warum geschieht dann nicht dein Wille,
auf der Erde wie im Himmel?

Warum gibst du nicht allen
ihr tägliches Brot?

Warum vergibst du uns nicht unsere Fehler,
damit wir unsere Klagen vergessen?
Warum fallen wir noch in die Versuchung, zu hassen?

Wenn du im Himmel bist, unser Vater,
warum befreist du uns nicht von dem Bösen,
damit wir dann sagen: *Amen*?«

> *Marialzira Perestrello*, A prece,
> in: Ruas Caladas, Rio de Janeiro 1978, 59

Das Gebet des Herrn endet, wie es enden mußte: mit
einem großen Amen. Dem hebräischen Wort ›Amen‹
liegt dieselbe Wurzel ('mn) zugrunde wie auch anderen
hebräischen Wörtern, die Glaube, Wahrheit, Sicherheit,
Treue, Bestand und Vertrauen bedeuten. Glauben heißt
für die Bibel weniger, Wahrheiten zuzustimmen, es
heißt vielmehr, sich freudig und gelassen einem verborgenen und letzten Sinn der Wirklichkeit anzuvertrauen.

Es ist möglich, zur Welt, zum Leben und zu allem, was existiert, Ja und Amen zu sagen. Deshalb ist das Gegenteil von Glauben die Angst und die Unfähigkeit, sich vertrauensvoll einem Größeren hinzugeben. Und diesen Größeren, den verborgenen und letzten Sinn, den Sinn aller Sinne nennen wir Gott, den Vater grenzenloser Liebe und Güte. Amen bedeutet dann: So geschehe es! Ja, so muß es sein. Mit dem Amen soll also eine Bitte, ein Gebet oder ein Lobspruch bestätigt, bekräftigt und verstärkt werden (vgl. Röm 1,25; 11,36; Gal 1,5; Phil 4,20; 1 Kor 16,24).[1]

Amen sagen können heißt vertrauen und sicher sein können, daß alles in Gottes Händen geborgen ist. Es heißt, das Mißtrauen und die Angst trotz allem überwunden zu haben. Das Beten des Vaterunsers umfaßt den ganzen Weg des Menschen — in seinem Streben zum Himmel und in seiner Verwurzelung auf der Erde. Im Gebet des Herrn liegen ein Moment des Lichtes und ein Moment der Finsternis. Zu all dem sagen wir Ja und Amen. Aber wir können nur deshalb zur Gefahr des Bösen, zu den Verlockungen und Versuchungen, zu dem Bösen, das man uns antut, und zu dem mühevollen Kampf um das Brot Ja und Amen sagen, weil wir die Gewißheit haben, daß Gott Vater ist, weil wir seinem heiligen Namen geweiht sind, weil wir darauf vertrauen, daß sein Reich kommt, und weil wir sicher sind, daß sein Wille, wie im Himmel, so auch auf Erden geschehen wird.

Das Vaterunser begann mit dem Vertrauen des Beters, der seinen Blick zum Himmel erhebt, von dem uns die Befreiung kommen kann. Nachdem es die Bedrückun-

---

[1] Vgl. *F. Reiniker*, Amen, in: Lexikon zur Bibel, 1960, 67—68.

gen des Menschen betrachtet hat, endet es voller Vertrauen und betet Amen. Dieses Vertrauen hat seinen Grund in Jesus selbst, der uns gelehrt hat, das Vaterunser zu beten. Jesus nahm alle Widersprüche unseres unheilvollen Daseins auf sich und brachte dadurch die vollkommene Befreiung. Paulus sagt uns mit seiner sicheren Intuition: »In ihm ist das Ja verwirklicht« (2 Kor 1,19). Alles, was Gott den Menschen versprochen hat — und das Vaterunser listet ja die Verheißungen Gottes auf: die für das ewige Leben und die für das irdische Leben —, wurde in Jesus Christus bestätigt. Denn »er ist das Ja zu allem, was Gott verheißen hat« (2 Kor 1,20). Johannes sagt ganz einfach: Er ist das »Amen« (Apk 3,14).[2] Wenn er das Amen ist, das wir an das Ende unserer Bitte stellen, dann haben wir die absolute Gewißheit, daß Gott uns immer erhören wird. Größer als die Gewißheit unserer Not, daß wir stets aufs neue Bedürfnisse haben werden, ist die Gewißheit unseres Vertrauens, die weiß: Unser Vater hat uns erhört. Amen.

[2] Zur Exegese dieser Stellen vgl. *H. Schlier*, Amen, in: Theologisches Wörterbuch zum Neuen Testament I, 339—343.

Die wichtigste Literatur
zum Vaterunser

H. van den Bussche, Le Notre Père, Brüssel 1960; deutsch: Das Vaterunser, Mainz 1963.

K. Barth, Das Vater-unser, Zürich 1965.

F.-M. Braun, Le pain dont nous avons besoin (Mt 6, 11; Lc 11, 3): Nouvelle Revue Théologique 110 (1978) 559—568.

H. Bourgoin, Epiousios expliqué par la notion du préfixe vide: Biblica 60 (1979) 91—96.

R. E. Brown, The Pater Noster as an Eschatological Prayer: Theological Studies 22 (1961) 175—208.

J. Carmignac, Recherches sur le »Notre Père«, Paris 1969.

G. Dalman, Die Worte Jesu I, Leipzig ¹1898, Darmstadt 1965, 283—365.

O. Dibelius, Das Vaterunser. Umrisse zu einer Geschichte des Gebets in der Alten und Mittleren Kirche, Gießen 1903.

J. Días Alonso, El problema literario del Padre Nuestro: Estudios Bíblicos 18 (1959) 63—75.

Didaskalia (1976) Heft 6. Die ganze Nummer der Lissaboner Zeitschrift behandelt das Vaterunser in der portugiesischen Literatur und bei den portugiesischen Mystikern.

G. Ebeling, Vom Gebet. Predigten über das Unser-Vater, Tübingen 1965.

R. Guardini, Das Gebet des Herrn, Mainz 1934.

P. Grelot, La quatrième demande du Pater et son arrière-plan sémitique: New Testament Studies 25 (1979) 299—314.

A. Hamman, La prière du Seigneur, in: La Prière I, Tournai 1959, 94—134.

Ders., Le Pater expliqué par les Pères, Paris 1952.

J. Hensler, Das Vater-unser (NT Abhandlungen 4/5), Münster 1914.

J. Jeremias, Das Vater-Unser im Lichte der neueren Forschung (Calwer Hefte 50), Stuttgart ⁴1967.

Ders., Abba. Studien zur neutestamentlichen Theologie und Zeitgeschichte, Göttingen 1966, 15—67.

O. *Kuss*, Das Vater-unser, in: Auslegung und Verkündigung II, Regensburg 1967, 277—330.

E. *Lohmeyer*, Das Vater-unser, Zürich 1952.

R. *Leaney*, The Lucan Text of Lord's Prayer: New Testament Studies 1 (1956) 103—111.

J. B. *Lotz*, Wenn ihr heute Vater unser betet, Freiburg 1978.

T. W. *Manson*, The Lord's Prayer, in: Bulletin of the John Rylands Library 38, Manchester 1955/56, 99—113, 436—448.

W. *Marchel*, Abba, Père. La prière du Christ et des chrétiens, Rom 1963.

Ders., Abba, Vater! Die Vaterbotschaft des Neuen Testaments, Düsseldorf 1963.

L. *Sabourin*, Il vangelo di Matteo. Teologia e esegesi, Rom 1976, 425—457.

H. *Schürmann*, Das Gebet des Herrn, Leipzig 1958, Freiburg ³1965.

R. *Schneider*, Das Vaterunser, Freiburg ⁵1978.

G. *Schwarz*, Matthäus VI, 9—13 / Lukas XI, 2—4. Emendation und Rückübersetzung: New Testament Studies 15 (1968/69) 233 bis 247.

Th. *Soiron*, Die Bergpredigt Jesu, Freiburg 1941, 314—370.

J. *Schmid*, Das Evangelium nach Matthäus (Regensburger Neues Testament 1), Regensburg 1965, 120—135.

A. *Vögtle*, Der »eschatologische« Bezug der Wir-Bitten des Vaterunsers, in: Jesus und Paulus (Festschrift für W. G. Kümmel), Göttingen 1975, 344—362.

F. *Wulf*, Vater-unser im Himmel, Zürich/Würzburg 1969.